Research on Compilation Technology for a Full-Coverage Education Satellite Account

全口径教育卫星账户编制技术研究

郑彦 著

东北财经大学出版社 大连
Dongbei University of Finance & Economics Press

图书在版编目（CIP）数据

全口径教育卫星账户编制技术研究 / 郑彦著. —大连：东北财经大学出版社，2025.9. —ISBN 978-7-5654-5754-8

Ⅰ. G40-054

中国国家版本馆CIP数据核字第2025V8V031号

全口径教育卫星账户编制技术研究

QUANKOUJING JIAOYU WEIXING ZHANGHU BIANZHI JISHU YANJIU

东北财经大学出版社出版发行

大连市黑石礁尖山街217号　邮政编码　116025

网　　址：http://www.dufep.cn

读者信箱：dufep@dufe.edu.cn

大连永盛印业有限公司印刷

幅面尺寸：170mm×240mm　字数：177千字　印张：15

2025年9月第1版　　2025年9月第1次印刷

责任编辑：刘　佳　　责任校对：赵　楠

封面设计：原　皓　　版式设计：原　皓

书号：ISBN 978-7-5654-5754-8　　定价：59.00元

教学支持　售后服务　　联系电话：（0411）84710309

如有印装质量问题，请联系营销部：（0411）84710711

前　言

教育作为非市场活动，其生产性劳动的重要性早已被认识，但获取教育活动的量化信息并不容易。由于缺乏显著经济意义价格，可能无法直接估算教育产出价值，这也成为测度教育活动对经济影响的主要挑战。全口径教育核算理念及其卫星账户的构建，将为研究教育活动的测度提供重要途径。长期以来，国际组织以及若干国家陆续开展不同经济领域的卫星账户研究。部分国家或学者在教育领域卫星账户的开发方面虽然做出一些新的尝试，但总体而言研究成果比较少、研究视角相对单一。尤其是，目前国际上还没有一个教育卫星账户的官方框架。为此，本书围绕“全口径教育卫星账户的编制”这一主题，以全口径教育核算为核心理论，综合采用理论研究与经验方法、定性分析与定量分析相结合的研究方法，深入探讨全口径教育卫星账户的编制技术，以期为教育领域卫星账户的编制实践提供技术方法和研究思路。

全书共分七章，按照“问题提出—理论基础—编制理论和技术—方法应用”的基本思路，逐步开展全口径教育卫星账户编制技术研究。具体来看，本书拟重点从方法论角度、技术角度以及应用角度对全口径教育卫星账户的编制理论、技术方案和方法应用进行系统研究：在方法论层面，提出全口径教育核算的核心理念，同时结合现有教育卫星账户编制方法和实践经验，全面构建全口径教育卫星账户的概念性框架；在技术层面，从上述概念性框架出发，结合编制卫星账户的一般性流程，设计全口径教育卫星账户的编制方案，指出编制账户的关键性技术、难点等；在应用层面，从中国教育卫星账户表的实际编制、教育业的规模测算等方面对全口径教育卫星账户的方法应用予以探究。

与现有教育卫星账户研究相比，本书的创新点体现为以下四方面：第一，从教育供需关系入手，将教育核算理论扩展为供给、需求以及产品角度的全口径教育核算理念，为教育卫星账户的编制提供新颖的研究视角；第二，在系统分析教育卫星账户编制实践的基础上，结合教育领域经济活动特征，提出全口径教育卫星账户编制方法，为构建教育卫星账户官方框架提供可行路径；第三，基于多指标综合评价技术方法，构建教育卫星账户评价指标体系，试图利用综合评分对全口径教育卫星账户的方法优良性进行定量评价；第四，尝试汇编中国教育卫星账户，为全口径教育卫星账户提供应用范例。

总体来看，本书的主要工作归纳为以下六点：一是提出全口径教育核算的全新理念；二是归纳比较现有教育卫星账户的理论与实践；三是构建全口径教育卫星账户的理论框架；四是优化全口径教育卫星账户编制的方案和技术；五是尝试编制中国教育卫星账户表；六是开展基于中国教育卫星账户数据的分析应用。通过本书的研究，作者提出了逐步建立教育产品消费调查体系、不断丰富和完善教育统计内容以及加强教育部门与其他部门之间的协作等政策建议，也探讨了构建混合型教育卫星账户、改善教育卫星账户汇编的数据质量以及深化教育卫星账户的方法应用分析等的研究方向。

郑　彦

2025年5月于南京

目　录

第一章

绪论

党的十九大报告中提出“建设教育强国是中华民族伟大复兴的基础工程，必须把教育事业放在优先位置”，党的二十大报告中进一步提出“坚持教育优先发展、科技自立自强、人才引领驱动，加快建设教育强国”等要求。随着我国对教育事业的日益重视，教育行业在经济发展中的作用日益凸显。但教育行业发展究竟带来多少经济增量，其经济影响涉及哪些行业，以及如何测度教育行业的经济影响等问题在学界尚无定论。科学认识教育经济活动的功能定位，亟需系统性方法。

教育作为非市场活动，其生产性劳动的重要性早已被认识，但获取教育活动的量化信息却并不容易。关于教育活动的测度，目前研究考察教育活动多从生产活动视角出发，通过对教育活动的投入、产出或成果等不同内容的分别测算，开展教育活动产出测度及其经济贡献分析。但由于教育数据存在局限性，目前国际上并没有一个公认的最佳产出核算方法。卫星账户（Satellite Accounts）是国民经济核算体系（System of National Accounts，SNA）对某一特定领域或方面进行扩展核算的重要工具。卫星账户的引入，无疑将为教育经济活动的生产功能提供一个重要核算框架。

为了避免教育产出核算的不足，更全面地反映教育活动对经济增长的影响，本书拟提出全口径教育核算的全新理念以及构建全口径教育卫星账户的初步设想。全口径教育核算是指通过考察供给、需求和产品等三个不同层面的教育活动实现对教育活动测度的扩展和补充。在此基础上，以全口径教育核算理念为核心，以教育产品的供需平衡为切入点，深入探讨教育卫星账户的编制技术及中国实践。本书不仅从理论上拓展教育核算研究的内容，丰富卫星账户的应用领域，更为深入理解和全面认识中国教育核算现状提供有力工具，从而推进中国教育体系的发展。

第一节　研究背景与研究意义

一、研究背景

教育是一项重要的经济活动，现有国民经济核算体系（SNA）通常将其定位为：由政府或为住户服务的非营利机构（Non-Profit Institutions Serving Households，NPISH）以免费或没有显著经济意义的价格提供给住户的非市场服务，即教育被视为非市场性服务产出。不过，由于缺乏显著经济意义价格，目前可能无法做到对教育产出价值的直接估算，这也成为测度教育对经济影响面临的主要挑战。

一方面，针对教育产出的测度需求，目前国际上并没有一个公认的最佳测度方法。为了测算教育活动的产出价值，SNA通常以其生产过程的投入总成本衡量教育活动的产出价值，即投入成本法。近些年来，也有其他方法被用于更直接地估算教育产出，如产出指标法（Schreyer，2010）、人力资本方法（Gu et al.，2010；Abraham，2010）。总体来看，目前研究考察教育活动多集中于从投入（input）、产出（output）或成果（outcome）等不同角度进行产出估算。不过，这些方法各有侧重，各有利弊：投入成本法侧重从投入角度进行教育产出的测算，这一方法仍然是目前世界各国进行教育产出测算的首选方法，但其明显忽略教育生产过程中的生产率变动；产出指标法侧重从产出角度进行教育产出的测算，这一方法虽然能够实现对教育产出的直接测度，但其应用范围有限；人力资本方法侧重从成果角度进行教育产出的测算，作为一种试验性方法，其对产出的界定与国民账户的一般生产范围可能存在矛盾。显然，国际上并没有指出最佳的产出核算方法。因此有必要进一步探讨教育产出的测度问题。

另一方面，针对教育部门的生产率增长，目前可能存在一定程度的误测。通常来讲，教育产出是一国国内生产总值（GDP）的有机组成部分。近些年来，教育行业增加值占我国GDP的比重平均为3.44%，而国家财政性教育经费占GDP比重平均为4.10%，如图1-1所示。不过，教育部门仍然通过教育的投入测算进行相应产出的推算，按照定义消除其生产过程中的生产率增长，这也导致目前对教育部门生产率增长的误测。显然，这也是目前测度教育对经济影响亟须解决的问题之一。

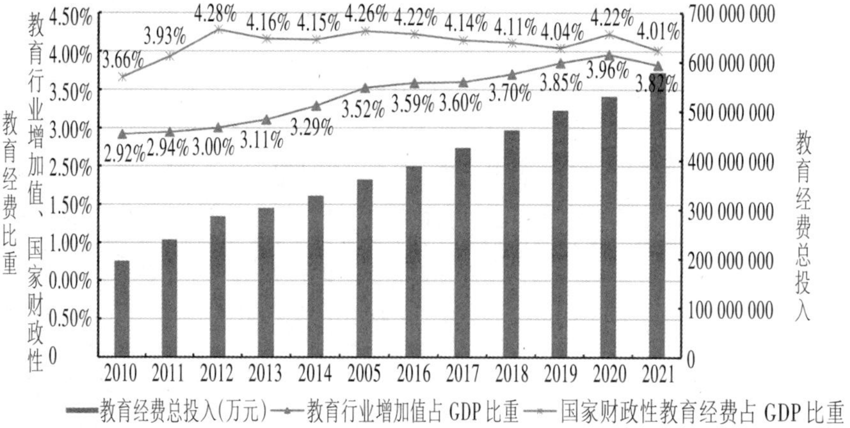

图1-1　2010—2021年教育行业增加值、国家财政性教育经费占GDP比重和教育经费总投入统计

全口径教育核算理念以及全口径教育卫星账户的构建，为解决教育活动的测度研究提供一条重要途径：一是提供教育卫星账户的官方核算框架。构建官方核算框架，可以为各国编制教育卫星账户提供重要基准，也将加强教育领域的国际比较。二是提供教育领域经济分析的有力工具。编制试验性卫星账户，不仅为测算教育产出及其经济贡献等提供理论基础和详细数据，也为人力资本的测度研究提供重要数据来源。三是为教育监测和政策制定提供数据支持。全面、系统、准确的教育融资数据，将为教育体系的有效监测、管理规划以及教育相关政策制定提供重要参考。

卫星账户是SNA为了扩展其分析功能并同时保持与SNA中心框架的联系而设置的一种补充账户。近年来，各国普遍利用卫星账户工具开展具体领域分析研究。据加拿大国家统计局在2019年提交给联合国欧洲经济委员会（The United Nations Economic Commission for Europe，UNECE）的一份卫星账户审议报告统计，目前国际上已经至少开发241个卫星账户，覆盖20多个不同主题/领域，且大部分卫星账户呈现持续、积极的发展趋势。目前国际上发展较为成熟的卫星账户有旅游卫星账户、环境经济核算体系、卫生卫星账户/卫生核算体系等。一些新经济领域也逐渐尝试开发卫星账户，如数字经济（Digital Eonomy）、研发（Research and Development，R&D）。

卫星账户虽然在旅游、环境、卫生等诸多领域受到关注并得到系统开发，但在教育领域的发展相对缓慢。部分国家或学者在教育领域卫星账户的开发方面虽然做出一些新的尝试，但总体而言研究成果比较少、研究视角相对单一。尤其是，目前国际上并没有提出一个明确、统一的教育卫星账户官方框架。当前联合国教科文组织（United Nations Educational，Scientific and Cultural Organization，UNESCO；2016）提出国家教育账户（National Education Accounts，NEA）方法，UNECE（2020）提出教育与培训卫星账户（Satellite Account for Education and Training，SAET）编制指导。这些账户虽然均具备“卫星账户”属性，但编制目标各有侧重：NEA的编制目标是为教育体系提供重要的融资数据（或支出数据）详情；SAET旨在基于国民账户框架汇编教育和培训总支出，从而为编制人力资本卫星账户奠定基础。显然，以上账户都无法作为构建教育领域卫星账户的唯一标准。此外，从中国卫星账户核算的发展看，官方核算体系并未专门设置

“卫星账户”，而以“扩展核算”进行部分领域增加值层面的核算研究（郑彦和夏杰锋，2021）。国内在卫星账户领域，尤其是教育方面的研究较为欠缺。

因此，有必要建立一个尽可能全面的核算框架，即全口径教育卫星账户。从SNA的视角来看，全口径教育卫星账户可以作为直接测度教育活动对经济影响的一种工具，因其提供教育活动的各项融资、投入、支出以及产出等详细信息。全口径教育卫星账户通过考察现有教育卫星账户的共性、差距和矛盾，并且对这些账户进行不断整合，更系统地考察教育的生产、消费、融资等不同环节的经济流量。

在此背景下，本书将深入探讨全口径教育卫星账户编制技术与中国实践。拟构建的教育卫星账户以全口径教育核算理念为核心，以教育产品的供需平衡关系为切入点，从供给、需求和产品等三个角度全面考察与提供教育服务相关全部行业的生产过程、消费过程以及教育产品的供应与使用过程，从而为衡量教育活动对经济增长的贡献提供一种重要的测度方法。

二、研究意义

1.理论意义

本书尝试从理论上拓宽教育核算研究的内容，具体体现为以下两个方面：

第一，完善教育非市场核算的相关理论，为进行全口径教育核算研究奠定基础。

从教育非市场核算的现状来看，目前联合国、OECD等国际组织提供适用于教育产出核算的不同核算方法（如投入成本法、产出指标法等），世界各国也在发展教育非市场核算研究方面取得重要进展（如英国对公共服务教育生产率的估算、美国和加拿大等国家对教育的人力资本投资的估算等）。不过，教育非市场核算还面临着一些难题，现实情况下仍有一些与教育非市场核算相关的问题值得讨论，主要问题如缺乏普遍的教育统计数据、推算教育价格十分困难以及产出核算方法的适用范围存在局限性等。

全口径教育卫星账户的提出，为进一步完善教育非市场核算提供一条新途径：一方面，全口径教育卫星账户全面记录教育活动的融资和支出或教育产品的投入来源和产品分配。显然，卫星账户将教育产品与生产过程中的各种投入联系起来，同时记录教育支出和结果，这有助于教育非市场核算更详细地阐明教育部门中教育投入转化为相关产出的过程。另一方面，全口径教育卫星账户能够更全面地核算扩展后的教育行业增加值，同时为实际教育产出和生产率测算方面提供指导。显然，这有助于教育非市场核算不断改进其总量指标的核算方法。

通过完善教育非市场核算的相关理论，提出全口径教育核算理念，将教育核算研究由单一视角扩展到供给、需求和产品等多角度的考察，进而为全口径教育卫星账户理论框架的构建奠定概念基础和方法基础。

第二，构建系统的全口径教育卫星账户核算框架，为卫星账户在教育领域的应用提供借鉴。

全口径教育卫星账户以教育供需关系作为其基本结构，将教育生产和教育需求以及这两者之间的内在关系都展示在其核算框架之中。供给角度的教育生产者来源和使用表、需求角度的教育消费者教育支出表以及产品角度的教育供给使用表共同构成系统的全口径教育卫星账户核算框架。

通过构建系统的全口径教育卫星账户核算框架，极大地丰富了卫星账户在教育领域的应用研究：一是为相关经济研究提供更准确的模型参考。各国可以参考这一核算框架，进行本国教育卫星账户的结构设计。这一核算框架也为卫星账户在人力资本测算研究等应用提供借鉴。二是为教育政策制定和相关研究提供有意义的教育数据。通过使用更详细的教育数据，教育政策制定者可以更好地监测教育服务的变化，进行相关教育支出管理，从而达到对教育体系的高效监管以及详细规划等目标。研究经济增长问题的学者也可以进行非市场教育数据的估算，进而补充国民经济核算数据，评估非市场教育对经济生产或社会福利的实际贡献。此外，更多地了解教育非市场活动的实际水平和贡献程度，对于其他方面的研究也十分重要。例如，通过提供教育领域更详细的信息（尤其是教育投入方面），将有助于研究者进行教育对贫困的改善研究。

2. 实践意义

本书的实践意义在于，通过对教育系统经济流量的全面考察和深度分析，尝试为教育活动的全面测度提供有力工具，也为我国教育统计核算的未来发展提供借鉴。具体体现为以下两方面：

第一，有利于从经济维度进行教育的全面测度。

SNA（2008）将教育和培训作为住户最终消费支出，而将企业所发生的相应培训支出作为企业的中间消耗处理，但并没有将人力资本视为经济资产。尽管教育支出被视为GDP的重要组成部分，但这种做法却无法测算花费在教育生产中的非市场时间（或未付费时间）对未来经济增长、个人福利以及一般社会的贡献。而具备更高教育水平的个人，往往可能会带来更高的收入以及生产力，也会更好地了解并参与到社会活动中，他们通常也会更加快乐（Abraham and Mackie，2005）。显然，SNA（2008）对教育支出的处理可能会低估教育对经济的实际贡献。

全口径教育卫星账户的提出，对于经济增长情况的全面描述以及在对促进经济增长贡献因素的深入理解等方面具有重要价值：一方面，有利于利用现有核算方法对教育进行更清晰的经济评价。全口径教育卫星账户以一种灵活的方式对教育领域不同方面的经济流量进行尽可能的详细描述，对于理解教育活动是一个重要的补充。通过卫星账户能够对教育进行更加恰当的测量，同时对排除在核心账户之外或划到更广泛类别下的教育相关内容进行补充，从而实现对教育活动经济维度的全面测度。另一方面，有利于评估教育行业及其活动对GDP的经济贡献。教育对经济的潜在影响可以通过教育行业对经济产生影响。全口径教育卫星账户详细描述整个教育行业的生产过程和产品分配过程，可以通过卫星账户准确估算教育行业及其活动的具体贡献。

第二，有助于推动中国教育部门统计核算的发展。

实际上，随着服务业的飞速发展，对教育、卫生、运输、外贸服务等服务部门的准确测算日益成为各国国民经济核算工作的重要内容。不过，一直以来对服务部门的统计核算都是个难题，对教育服务亦是如此。与货物部门相比，如何界定和划分教育服务产品及其部门范围、如何测算教育部门教育服务的质量变化等方面都存在较为严重的统计困难。而与其他国家相比，中国目前对教育业的统计核算研究也相对滞后。

全口径教育卫星账户的提出，将为我国教育业的统计核算工作提供许多借鉴。通过对中国教育卫星账户的试验性编制研究，可以为中国教育部门统计核算工作在概念框架以及测算技术方面提供重要参考和指导，从而改善并促进中国教育部门统计核算水平和未来发展。

第二节　教育卫星账户研究现状及评述

一、教育卫星账户的技术方法研究

SNA（2008）将卫星账户划分为内部卫星账户和外部卫星账户两类。这种分类的重点在于卫星账户是否突破SNA基本核算框架，引入新的方法或概念。但对教育领域而言，重点并不是明确卫星账户是否使用新概念、新方法，而是卫星账户是否是对教育功能的进一步揭示和对教育活动的全面反映。因此，基于对国内外教育卫星账户研究成果的系统梳理，本书将目前国内外提出的各种教育卫星账户编制方案划分为两大类，分别是功能账户编制方案和补充账户编制方案。

功能账户编制方案主要从社会统计的需求出发，通过编制卫星账户，重点考察教育系统及其相关职能。这类账户侧重对教育功能的描述，主要关注教育支出的流动与分配状况。补充账户编制方案主要从国民账户的局限性出发，通过编制卫星账户，更全面地展现教育领域（或部门）的经济运行状况。这类账户侧重对教育领域活动详情的描述，主要关注教育经济活动的全过程，如来源、生产、消费等。

1.功能账户编制方案

法国统计局（National Institute of Statistics and Economic Studies，INSEE）于1971年提出编制教育账户，其目标是更准确地测算国家对教育系统的货币性投资（Jeljoul et al.，2011）。法国教育账户从生产者、融资者以及受益者（或使用者）三个视角出发，主要揭示了国家教育支出如何在不同经济主体之间流动和分配：一是不同融资者之间的交易活动及教育支出，二是作为生产者生产活动来源的融资者的教育支出转移，三是生产者的生产产品在使用者之间的产品流向及教育支出（Lemaire，1987）。基于以上三方面的经济流量描述，法国教育账户最终构建了包括7个表格在内的账户，将教育支出分解到不同的生产者、融资者以及使用者之间。编制法国教育账户的关键，一个是明确国家教育支出的范围。Jeljoul等（2011）将国内教育支出（Domestic Expenditures on Education，DEE）定义为“融资者承担的特征活动的生产和相关货物与服务的购买所发生的一切支出”。显然，不同于国民账户的支出概念，这里教育支出将以“功能目的”为依据，将与发生教育目的相关的一切支出归为教育支出。另一个关键内容是，如何正确划分教育生产者、教育融资者、教育使用者以及涉及的交易项目等。Jeljoul等（2011）也给出详细规定。

结合法国教育账户的成功经验，UNESCO（2016）提出编制国家教育账户（NEA），以便于更全面地描述各国教育系统相关的资金流向情况。而最早编制NEA的即法国。NEA实际上是对法国教育账户的进一步改进。相比于法国教育账户，NEA既考虑国家层面，又考虑国际层面。UNESCO（2016）指出，NEA有助于揭示更多内容，如教育将花费多少费用？谁为教育体系提供资金来源？提供哪种类型的资金以及不同教育等级的成本是多少？不同类型的教育提供者之间有什么区别？平均资金支持和生均成本是多少？以及谁为此而承担费用？NEA的核心内容包括对生产单位、融资产品、经济交易等关键性内容进行划分，并在此基础上详细描述融资者活动（即初始和最终的融资流动）、生产者活动（即融资来源和支出转移）、使用者活动（即相关教育支出）和非融资数据（如学校、学生、教职员工等信息）等。

相比之下，国内对功能账户的关注并不多，仅有部分学者进行相关研究，如唐军（2017）介绍了国民教育账户[①]的基本框架，并提出这一账户将得到更广泛开发和应用；李金华（2024）以NEA和SNA为基础，探讨了我国教育活动核算体系框架构建问题。

2.补充账户编制方案

葡萄牙国家统计局从2007年起提出教育卫星账户的试验性项目，其账户主要用于衡量生产者针对教育产品生产过程中所产生的教育经济流量以及与融资者之间的关系（Quintela，2007）；主要账户包括教育产品供给使用表和教育支出表等。结合人力资本与教育服务之间的

① 本书将“National Education Accounts”译为“国家教育账户”，与唐军（2017）的译法有所区别。

紧密联系，意大利（Di Veroli and Tartamella，2010；ISTAT，2013）、美国（Abrahami and Mackie，2005；Abraham，2010）、荷兰（Bos，2011）、挪威（Liu，2015）、加拿大（Gui and Wong，2010；Gui and Ryan，2016）、澳大利亚（Wei，2004；2008）等国家纷纷提出编制教育卫星账户或人力资本卫星账户，深入探讨教育部门相关生产及其投入和产出等重要内容。此外，国内部分学者也提出编制教育或人力资本卫星账户，如李金华（2008）、李闻闻（2015）。

在此基础上，UNECE下设的人力资本测度工作小组于2016年提出构建包括主要账户（货币性数据为主）和补充账户（实物性数据为主）在内的SAET，并在2020年发布了SAET编制指导手册。该手册系统阐述了编制SAET的方法技术等内容。“教育与培训”的范围包括：国民账户的教育与培训活动，以及内部培训活动等。通过详细划分生产单位和融资单位（根据机构部门）、教育与培训（根据目的），最终编制SAET主要表（包括供给表、使用表、融资和成本表）和补充表（如提供按性别、年龄和受教育程度划分的常住人口信息，按性别、年龄和教育水平划分的学生入学人数信息等）。这一编制手册还介绍了关于编制SAET的数据来源、国际教育数据收集系统的比较以及各国实践情况。可以说，SAET和NEA提供了相对较为成熟的教育卫星账户理论框架和编制参考。国内学者马茹（2021）基于SAET的梳理分析，初步提出编制中国教育和培训卫星账户的相关设想。

二、教育卫星账户的应用拓展研究

当前，国内外针对教育卫星账户并没有开展大量的应用研究，主要原因在于：一方面，目前国际上缺乏一致的教育卫星账户概念框架。大多数国家仅仅根据本国研究需要进行卫星账户的开发研究，但不同的卫星账户在编制目标、编制视角、分类方法及其账户结构等方面存在显著差异。另一方面，各国无法保证同时提供较为完整的教育统计数据。各国教育核算水平的不同，间接导致了教育卫星账户研发缓慢以及应用探讨相对匮乏。不过，也有部分国家或学者尝试开展了关于教育卫星账户的拓展研究。

1.在数据发布方面

法国是目前国际上仅有的发布年度教育账户的国家，已发布的教育账户数据涵盖了1974—1981年度、1999—2009年度以及2004—2014年度等。此外，也有部分国家或学者尝试汇编某一地区或某一时期的教育账户数据，如希腊（Diakomihalis，2014）、荷兰（Bos，2011）。国内学者李闻闻（2015）也尝试通过编制2010年人力资本账户，提供人力资本总供给、总使用以及总投入等数据。

2.在经济分析方面

与其他领域的卫星账户类似，研究者也希望借助教育卫星账户方法进行教育行业或教育部门活动的计量。Diakomihalis（2014）通过构建教育卫星账户，对希腊普雷韦扎州（Preveza）的教育总量进行了试验性测算；Gu和Ryan（2016）以加拿大国民经济核算体系（Canadian System of National Accounts，CSNA）为例，比较分析了引入人力资本之后对CSNA现有账户的结构和总量等方面的影响；李闻闻（2015）基于人力资本卫星账户数据，分析人力资本对GDP的影响，进而探讨了人力资本如何通过技术吸收和技术创新等对经济增长产生间接贡献。此外，Liu（2015）也结合卫星账户技术，对教育部门产出进行了试验性测算。

三、评述

目前国内外教育卫星账户研究存在以下三点不足：第一，目前教育卫星账户的研究成果并不多且比较零散，缺乏对其通用的编制技术和方法的系统性考查；第二，国内对教育卫星账户的关注相对滞后，现有研究主要是对国际标准和国际经验的引入评价和中国卫星账户的理论构建，卫星账户的实际汇编比较欠缺；第三，目前人们极少关注与教育卫星账户有关的应用拓展研究，如教育行业的规模测算、教育部门的绩效分析等。因此，全口径教育卫星账户的提出，不仅为教育领域提供了一套系统的分析框架，也将推动教育领域的国际比较进程。

第三节　研究规划

一、研究目标

考虑到现有教育卫星账户研究的主要问题，本书拟将构建全口径教育卫星账户的概念框架作为首要目标，通过这一框架全面考察供给、需求以及产品等三个不同层面的教育活动，从而实现对教育活动的全面测度。通过本书的研究，力争达到以下三个预期目标：第一，建立全口径教育核算的核心理念，为教育核算研究提供更系统、全面的研究视角和内容；第二，构建全口径教育卫星账户的理论框架，为编制教育卫星账户的国家提供可行的参考框架；第三，编制中国教育卫星账户，为进行教育相关经济分析提供重要的核算数据。

二、研究思路

本书拟围绕“全口径教育卫星账户的编制”这一主题，以全口径教育核算理念为核心，以教育产品的供需平衡为切入点，以全口径教育卫星账户的框架构建和实际编制为主线，按照“问题提出→理论基础→编制理论和技术→方法应用”的基本思路，逐步开展全口径教育卫星账户编制技术研究。全书的技术路线图如图1-2所示。

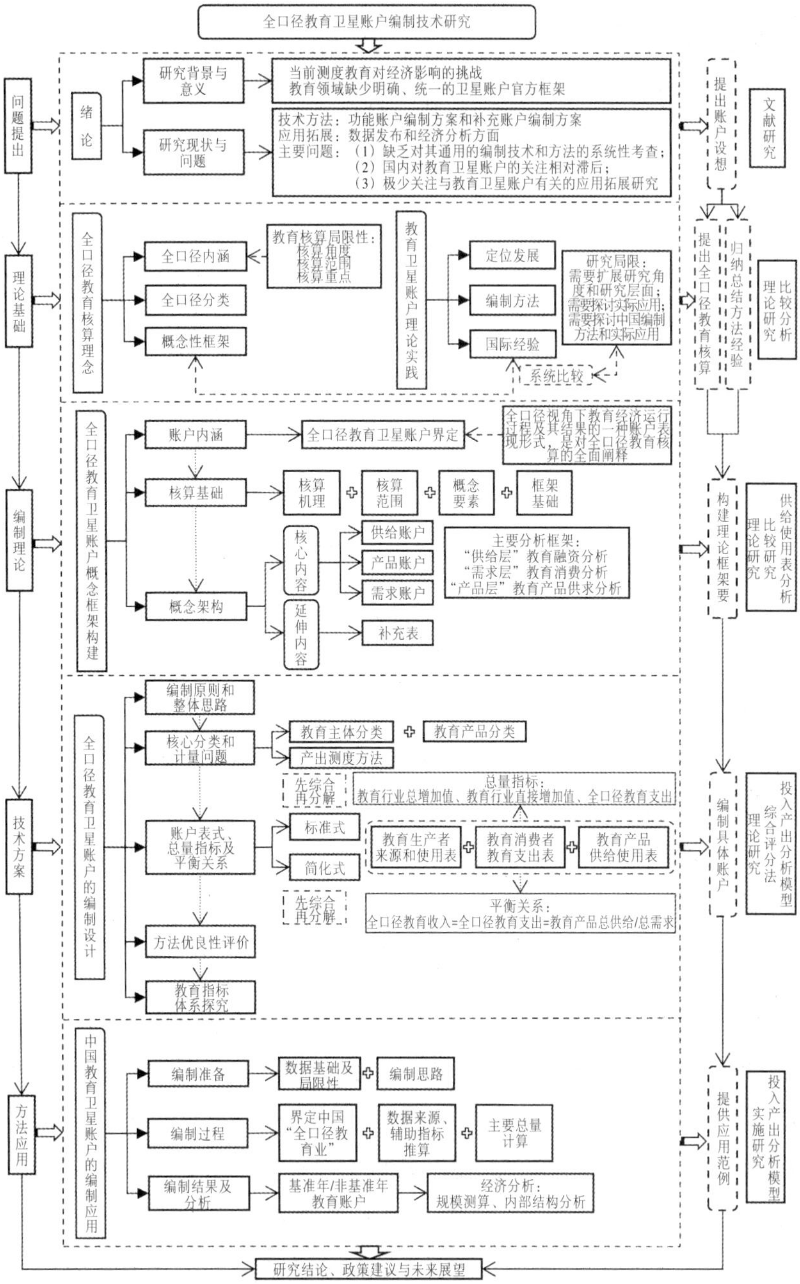
全口径教育卫星账户编制技术研究
问题提出
绪论
研究背景与意义
当前测度教育对经济影响的挑战
教育领域缺少明确、统一的卫星账户官方框架
研究现状与问题
技术方法：功能账户编制方案和补充账户编制方案
应用拓展：数据发布和经济分析方面
主要问题：（1）缺乏对其通用的编制技术和方法的系统性考查；
（2）国内对教育卫星账户的关注相对滞后；
（3）极少关注与教育卫星账户有关的应用拓展研究
提出账户设想
文献研究
理论基础
全口径教育核算理念
全口径内涵
全口径分类
概念性框架
教育核算局限性：
核算角度
核算范围
核算重点
教育卫星账户理论实践
定位发展
编制方法
国际经验
研究局限：
需要扩展研究角度和研究层面；
需要探讨实际应用；
需要探讨中国编制方法和实际应用
系统比较
提出全口径教育核算
归纳总结方法经验
理论比较分析
编制理论
全口径教育卫星账户概念框架构建
账户内涵
全口径教育卫星账户界定
全口径视角下教育经济运行过程及其结果的一种账户表现形式，是对全口径教育核算的全面阐释
核算基础
核算机理
核算范围
概念要素
框架基础
概念架构
核心内容
供给账户
产品账户
需求账户
主要分析框架：
"供给层"教育融资分析
"需求层"教育消费分析
"产品层"教育产品供求分析
延伸内容
补充表
构建理论框架要
供给使用表分析
比较研究
理论研究
技术方案
全口径教育卫星账户的编制设计
编制原则和整体思路
核心分类和计量问题
教育主体分类
教育产品分类
产出测度方法
先综合再分解
总量指标：
教育行业总增加值、教育行业直接增加值、全口径教育支出
账户表式、总量指标及平衡关系
标准式
简化式
教育生产者来源和使用表
教育消费者教育支出表
教育产品供给使用表
平衡关系：
全口径教育收入=全口径教育支出=教育产品总供给/总需求
方法优良性评价
教育指标体系探究
编制具体账户
投入产出分析模型
综合评分法
理论研究
方法应用
中国教育卫星账户的编制应用
编制准备
数据基础及局限性
编制思路
编制过程
界定中国"全口径教育业"
数据来源、辅助指标推算
主要总量计算
编制结果及分析
基准年/非基准年教育账户
经济分析：
规模测算、内部结构分析
提供应用范例
投入产出分析模型
实施研究
研究结论、政策建议与未来展望

图 1-2　技术路线图

三、研究内容

遵循上述研究思路，本书将研究内容划分为七章。具体研究内容如下：

第一章是本书的“研究起点”，即“问题提出”。“第一章 绪论”是对研究背景、研究意义、研究综述以及研究规划等基本内容的阐述。通过对教育卫星账户研究现状的梳理分析，指出当前研究的核心问题是亟需一个教育卫星账户的官方框架。基于上述分析，本书拟围绕“全口径教育卫星账户理论构建、编制设计与方法应用”这一问题展开深入探究。

第二章和第三章是本书的“理论基础”。这一部分将围绕两条主线展开研究，一条主线是全口径教育核算理念的提出，另一条主线是现有教育卫星账户编制方法、实践经验的归纳。

“第二章 全口径教育核算的提出和方法”拟提出“全口径教育核算”这一全新理念，即通过考察供给、需求和产品三个不同层面的教育活动实现对教育活动测度的扩展和补充。在此基础上，建立全口径教育行业分类框架、全口径教育支出分类框架以及基于教育行业的指标框架。通过引入卫星账户研究方法，最终提出构建全口径教育卫星账户“概念性框架”的初步设想，从而为全口径教育卫星账户的编制提供概念和方法基础。

“第三章 现有教育卫星账户的理论与实践”拟考察现有教育卫星账户的编制方法与经验。通过对教育卫星账户的定位及其历史发展的详细梳理，重点阐述现有教育卫星账户的编制方法和国际经验；在此基础上，结合全口径教育卫星账户“概念性框架”对各国实践做法进行比较分析，指出当前研究中的主要问题以及进一步研究方向，从而为全口径教育卫星账户的编制提供理论方法和重要参考。

第四章和第五章是本书的研究核心，即“编制理论和方法”。“第四章 全口径教育卫星账户概念框架的构建”以全口径教育卫星账户的理论架构为主线，按照“账户内涵→核算基础→概念架构”的基本路线，拟形成以下三个研究主题：一是全口径教育卫星账户内涵，即账户概念界定和功能定位；二是全口径教育卫星账户核算基础，重点阐述账户核算机理、核算范围、框架基础；三是全口径教育卫星账户的概念性框架，重点阐述核心账户（即供给、需求及产品账户）和延伸内容（即补充表）构建。

“第五章 全口径教育卫星账户的编制设计”以全口径教育卫星账户技术制定为主线，从编制流程角度切入研究主题，重点阐述全口径教育卫星账户编制内容和关键技术。具体研究内容包括以下五个方面：一是编制原则和整体思路。二是核心分类和计量问题。拟集中构建包括教育融资者分类、教育消费者分类、教育生产者分类以及教育产品分类在内的核心分类体系，明确产出测度方法。三是账户表式、总量指标及平衡关系。以全口径教育卫星账户的总体框架为基准，重点编制供给、需求及产品角度的账户标准式和简化式，侧重分析账户涉及的总量指标和平衡关系。四是方法优良性评价。借助综合评分法，通过构建教育卫星账户评价指标体系论证全口径教育卫星账户的方法优良性。五是拟从数据需求角度提出教育指标体系的初步设想。

“第六章 中国教育卫星账户的编制及应用”是本书的“方法应用”。这一部分拟从方法拓展的视角切入，从账户汇编、测度评估等视角展开全口径教育卫星账户的中国应用研究。具体研究内容包括：一是编制准备，包括数据基础及局限性、编制思路；二是编制过程，阐述中国“全口径教育业”界定、数据来源及辅助指标处理、主要总量计算等；三是编制结果及分析，包括中国教育卫星账户表的试验性编制（如基准年、非基准年教育账户供给表汇编）以及基于中国教育卫星账户核算数据的教育规模测算、内部结构分析等。

“第七章 结论、建议及展望”概述了本书的主要工作和重要结论，针对教育统计数据改善、教育体系政策制定等提出相关建议，进一步探讨未来研究方向。

四、研究方法

关于“全口径教育卫星账户的编制”目前还没有形成统一的研究框架，已有研究方法也不够完善。本书将综合运用理论研究与经验方法以及定性与定量分析相结合等研究方法，对这一主题予以深入研究。主要研究方法概述如下：

1.系统分析法

本书旨在构建系统、全面的全口径教育卫星账户。在研究全口径教育卫星账户编制技术时，离不开对教育卫星账户的基础理论、技术方法和编制实践的系统分析。通过对国内外现有教育卫星账户研究成果的系统、完整分析，本书可以从更高的研究视角，进行教育卫星账户方法论方面的深入探讨。

2.比较研究法

本书在很多地方都应用了比较研究法。在构建全口径教育行业分类框架时，对现有教育分类体系进行对比分析；在梳理各国教育卫星账户编制实践时，对各国卫星账户的设计目标、研究视角、分类体系、方法基础以及账户结构等方面进行比较研究。

3.综合评分法

本书借助综合评分法，系统评价全口径教育卫星账户编制方法。通过设置编制目标、编制视角、分类体系、计量方法、账户结构以及数据基础等6项评价指标，构建教育卫星账户评价指标体系，以“评分”的方式对不同的编制方法进行评估，从而论证全口径教育卫星账户的方法优良性。

4.投入产出分析法

本书运用投入产出分析法，测度全口径教育业对中国国民经济的贡献与影响。通过设计行业增加值率、行业增加值结构系数以及教育调整系数等辅助指标，测算全口径教育业增加值及其产出等总量，分析全口径教育业的经济规模及其影响。

第四节 研究创新

本书从技术环节出发，深入探讨全口径教育卫星账户的编制技术。总体来看，创新之处体现为以下四个方面：

第一，从教育供需关系入手，将教育核算理论扩展为供给、需求以及产品角度的全口径教育核算理念，为教育卫星账户的编制提供新颖的研究视角。

全口径教育核算是对教育核算研究的一种新突破：一是将教育核算内容扩展为供给层的生产核算、需求层的消费核算以及产品层的产品核算；二是将教育核算总量细化为供给层的全口径教育收入、需求层的全口径教育支出以及产品层的教育总供给/总需求；三是满足教育供给方、教育需求方以及教育产品方的三方平衡关系。构建全口径教育核算理念，不仅夯实了教育卫星账户研究的基础理论，也为全口径教育卫星账户研究提供了多维度视角。

第二，在系统分析教育卫星账户编制实践的基础上，结合教育领域经济活动特征，提出全口径教育卫星账户编制方法，为构建教育卫星账户官方框架提供可行路径。

借鉴现有教育卫星账户编制经验，全口径教育卫星账户编制方法建立了兼具全面性与灵活性的理论框架，设计了全口径视角下的账户标准式与简化式，提供了用以教育经济比较的多个总量指标。基于新的核算框架、账户表示以及总量指标，全口径教育卫星账户为构建教育卫星账户的官方框架提供了更可行的技术方法和思路。

第三，基于多指标综合评价技术方法，构建教育卫星账户评价指标体系，试图利用综合评分对全口径教育卫星账户的方法优良性进行定量评价。

结合定性判断与定量分析理论，利用多指标综合评价方法，本书构建了教育卫星账户评价指标体系。这一评价体系提供了6项评价指标，按照重要性分别赋权和确定区间定值，从而以“评分”高低论证全口径教育卫星账户的方法优良性，为系统评价全口径教育卫星账户提供了一种定量方法。

第四，尝试汇编中国教育卫星账户，为全口径教育卫星账户提供应用范例。

基于全口径教育卫星账户编制方法，借助中国投入产出表，本书编制了中国教育生产账户（包括基准年和非基准年），进而以中国教育卫星账户数据为依据，开展教育领域的实践探索分析，为教育卫星账户提供研究范例。

第二章

全口径教育核算的提出和方法

"全口径"是本书进行教育卫星账户研究的重要视角。准确理解全口径教育核算的概念和内涵，对于本书的研究至关重要。本章重点对全口径教育核算的提出、界定标准、相关概念与方法选取予以详细阐述，为编制全口径教育卫星账户奠定概念基础和方法基础。

第一节　全口径教育核算的相关背景

一、教育核算研究的局限与突破

从教育的核算角度、核算范围以及核算重点来看，目前的教育核算值得进一步深入研究。现有教育核算研究的局限主要体现为以下三方面：

第一，教育核算角度的局限性。

目前的教育核算研究以教育服务的生产为主。显然，大部分的研究从教育生产者出发，重点考察教育的生产活动。但从经济活动的供需平衡关系来看，无论是教育生产活动，还是教育消费活动，对于教育核算研究都至关重要。因此，教育核算研究应当扩展至包括教育的消费者行为，考察教育消费者对产品的使用情况。

第二，教育核算范围的局限性。

目前的教育核算研究主要从国民账户的范围展开，即通过教育投入和教育产出等不同指标来考察教育生产活动；或从福利测度的范围展开，即通过教育投入和教育成果等指标来考察教育生产活动。不过，无论采用哪种核算范围，教育核算研究只关注教育服务的生产，而没有考察与提供教育服务相关的其他生产活动。实际上，这些辅助性生产活动对于教育生产活动的测算也尤为重要。因此，教育核算研究应当将教育的核算范围扩展至包括与提供教育服务相关的其他生产活动，进行教育辅助生产活动的测算。

第三，教育核算重点的局限性。

考虑到教育活动对经济增长的重要贡献，目前教育核算研究的重点是教育产出测算，即如何准确测算教育生产活动的产出价值。因此，大部分研究将重点放在教育产出测算方法的开发方面。目前的产出测算方法包括SNA所提出的投入成本法、OECD所提出的产出指标法，以及部分国家（如美国、加拿大、澳大利亚等国）所提出的人力资本方法。不过，各国教育政策制定者更为关注的一个问题是："如何以一种国际可比的方式来衡量人们在教育方面的支出？"因此，教育核算研究应当考虑关注教育的支出状况，重点考察教育生产、消费等不同环节的资金流动情况。

基于上述分析，拟提出全口径教育核算的全新理念，突破现有教育核算研究的局限性。具体考虑以下三点：首先，强调从教育的消费者角度考察消费者对产品的使用情况；其次，强调将教育生产活动的核算范围扩展到包括与提供核心教育服务相关的次要生产活动和辅助生产活动；最后，强调从教育支出的角度考察教育生产、消费等不同环节的资金流动情况。

二、全口径教育核算的意义

全口径教育核算理念的提出，其重要意义主要体现为以下三方面：

首先，全口径教育核算将丰富教育核算研究的内容。

全口径教育核算通过对教育的核算角度、核算范围以及核算重点等多个维度的进一步扩展，极大地丰富了教育核算研究的内容。今后，教育核算研究将可能纳入教育消费者行为的探讨、扩大口径后教育行业的探讨、教育活动资金流动的探讨等内容。

其次，全口径教育核算将为教育卫星账户研究提供重要视角。

全口径教育核算的提出，有利于为教育卫星账户研究提供全新的研究视角。目前部分国家基于不同的编制目标和用途设计了本国的教育卫星账户。不过，国际上还没有一个官方的概念框架适用于教育卫星账户研究。基于全口径教育核算的全新理念，本书将尝试构建一个更系统、更全面的教育卫星账户理论框架，从而为教育卫星账户官方框架的提出奠定理论和方法基础。

最后，全口径教育核算有利于从需求角度制定国家教育政策。

全口径教育核算的提出，也将为国家教育政策的制定提供更有力的工具。系统理解教育支出（尤其是公共教育支出），将有利于制定高效的教育政策，进行国家教育系统的有效监测、管理和规划等。全口径教育核算将更为关注教育支出状况，为了解国家教育财政支出机制提供重要参考。

第二节　全口径教育核算的界定标准

一、信息混淆

杨仲山（2001）对“信息混淆”的定义为：“一个或若干个彼此互相独立的信息单位（B），由于某种作用力，最终以一个异质内容的信息单位（A）出现，我把这种现象称为信息混淆。”基于这一定义，本书认为，目前SNA的教育概念可能存在着信息混淆现象，具体体现为两方面：一是SNA对教育的记录方式；二是SNA对教育的估计方法。

SNA（2008）规定，“教育服务主要是教育服务生产者：学校、学院，向教育服务消费者即大、中、小学生提供的教学”。按照这一概念，SNA将教育支出视为政府、NPISH以及住户的最终消费支出，而与企业有关的培训成本被视为企业的中间消耗。显然，SNA对教育的记录方式是将教育视为“消费”（无论是最终消费还是中间消耗），并根据谁为之支付划归不同的机构部门之中。不过，这种做法可能存在着信息混淆现象。由于处于不同的领域，SNA对教育的处理可能存在着细微差别。不过，如果忽略谁为之支付，教育实质上就是一项个人支出。从SNA对教育的记录方式来看，理应将教育记录为一项个人支出，以避免其信息混淆。

SNA（2008）提出，“政府单位和NPISH生产的、无偿或以无显著经济意义的价格提供给其他机构单位或整个社会的非市场产出，应以生产总成本估价”。由于缺乏显著的价格信息，SNA通常采用教育生产过程中的投入总成本来衡量教育活动的产出。但从经济逻辑推理的视角来看，这种做法也可能存在着信息混淆现象。因为，对于任一经济活动，无论是货物还是服务的生产，都应当存在着生产率的变动。而采用投入来测度产出，必然会忽略教育生产过程中的生产率变动。因此，需要考虑采取必要的“调整”手段来反映其生产率变动。一个可行的方法是，通过测度教育服务的质量变化，来替代性地显示教育生产过程中的生产率变动。从SNA对教育的估计方法来看，理应将教育估计为经过质量调整的非市场服务，以避免其信息混淆。

综上分析，可以根据信息混淆来进行全口径教育核算的界定，重点阐述教育的扩展性概念。一方面，明确教育是一项个人支出；另一方面，明确教育是经过质量调整的非市场服务。

二、产业分类

教育是一项重要的经济活动，而现有国民经济核算体系对教育的定位，是将其视为一般政府或NPISH向住户个人提供的非市场性服务。不过，为实现教育服务的生产，也要考虑相关辅助生产活动。因此，本书认为目前SNA的教育生产和消费范围可能存在局限性，需要重新界定教育的统计口径，即对教育口径的扩大化。

可以从国民经济的行业视角来描述教育统计口径的扩大化。基于《所有经济活动的国际标准行业分类》（International Standard Industrial Classification of All Economic Activities，ISIC），教育行业的主要活动通常是向社会公众提供教育产品，即教育服务。而与教育服务相关的辅助性活动，并没有划入教育行业的活动范畴。扩大教育口径后，教育行业将扩展为包括提供教育服务的核心行业，以及提供教育相关辅助活动和产品的周边行业。相应地，教育的生产范围将扩展为教育服务以及相关辅助产品的生产；教育的消费范围也将扩展为教育服务以及相关辅助产品的消费。

综上分析，可以根据产业分类来进行全口径教育核算的界定，重点阐述教育的扩展性行业范围。一方面，构成教育行业的中心内容是提供教育服务的核心行业；另一方面，构成教育行业的其他内容是提供教育相关辅助活动和产品的周边行业。

总体来看，可以通过两个标准界定全口径教育核算：一方面，以信息混淆来界定全口径教育核算的概念，即教育的扩展性概念被定义为一项个人支出或经过质量调整的非市场服务；另一方面，以产业分类来界定全口径教育核算的范围，即教育的扩展性行业将由提供教育服务的核心行业以及提供教育相关产品的周边行业共同组成。

第三节　全口径教育核算的相关概念

一、相关概念

1.全口径教育核算

拟从两点阐述全口径教育核算：一是教育概念的扩展性，即教育被视为经过质量调整的非市场服务以及个人教育支出；二是教育行业的扩展性，即教育行业被视为提供教育服务以及相关辅助活动和产品的所有行业的集合。

在此基础上，对全口径教育核算的定义为：通过考察供给、需求和产品三个不同层面的教育活动实现对教育活动测度的扩展和补充。其中，供给层面重点阐述生产过程中不同产品的收入分配状况，需求层面重点阐述消费过程中不同产品的支付购买状况，产品层面重点阐述不同产品的供给与使用情况。

2.全口径教育行业

在全口径教育核算视角下，全口径教育行业是指扩展口径下的教育行业，即为社会公众提供教育产品和教育相关产品的生产活动的集合。这一概念反映教育行业从内涵（即教育产品的生产活动）到外延（教育相关产品的生产活动）的扩展。通常可以将全口径教育行业划分为提供教育服务的核心行业以及与提供教育服务相关辅助活动和产品的周边行业。

3.全口径教育收入

在全口径教育核算视角下，全口径教育收入是指扩展口径下的初始教育收入，即用于教育生产过程的全部教育收入。SNA（2008）提出，“初始收入是机构单位因参与生产活动或拥有生产所需资产的所有权而获得的收入”。从全口径的视角看，初始教育收入的规模将会加大，以包括教育相关辅助活动的虚拟收入。

4.全口径教育支出

在全口径教育核算视角下，全口径教育支出是指扩展口径下的最终教育支出，即用于教育消费过程的全部教育支出。这里的教育支出是指因教育目的而发生的费用。SNA（2008）区分了用于企业中间消耗的培训成本或用于住户、政府或NPISH最终消费的教育支出。从全口径的视角看，将不再对这些消费内容进行区分，而将其统一视为提供教育服务时发生的相关支出，同时也将包括提供教育相关产品时发生的支出。

5.全口径供给方、需求方和教育产品

在全口径教育核算视角下，供给方是指提供初始教育收入的资金来源方以及利用这些初始教育收入进行生产活动的生产者的集合；需求方是指直接承担教育产品购买支付责任的生产者以及直接使用教育产品的最终消费者的集合；教育产品是指全口径教育行业生产活动的最终结果。

二、相关概念之间的关系

在SNA视角下，教育核算重点对教育服务生产活动予以测算，包括教育服务的投入、产出以及最终产品的消费等内容。不过，在全口径教育核算视角下，教育核算将从供给方、需求方以及产品方三个不同角度，分别阐述全口径教育行业的生产过程、消费过程以及产品供应和使用过程等不同环节。几个概念之间的关系如图2-1所示。

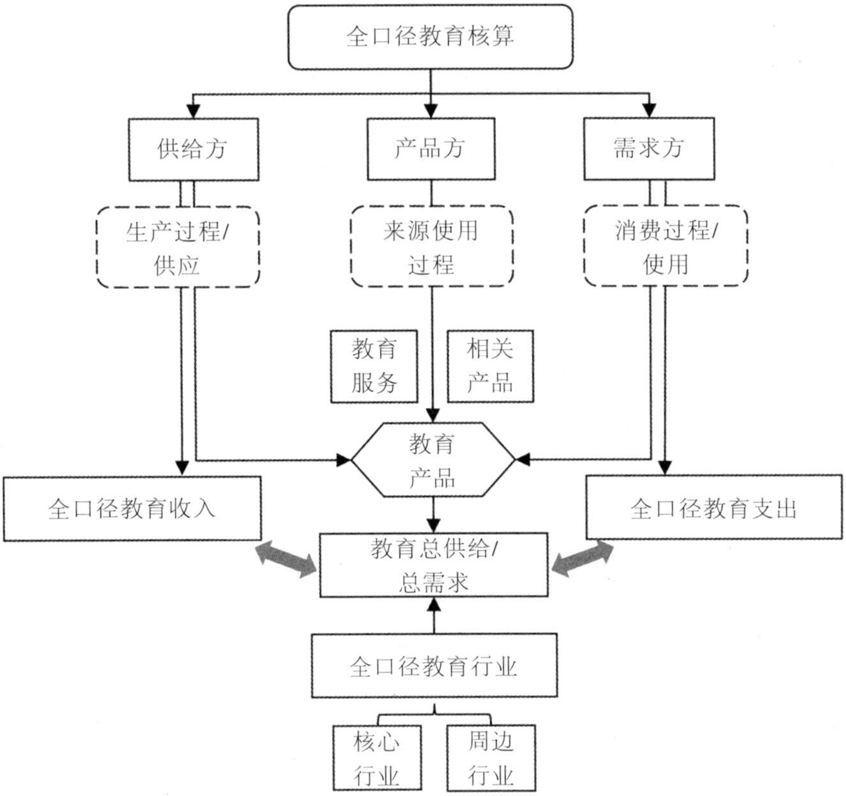

图2-1　几个概念之间的关系示意图

具体来看，全口径教育核算的供给方将描述教育生产过程，即全口径教育行业视角下的教育服务和相关产品的生产活动，全口径教育收入显示为生产过程中的总收入或初始的教育收入；全口径教育核算的需求方将描述教育消费过程，即全口径教育行业视角下的教育服务和相关产品的消费活动，全口径教育支出显示为消费过程的总支出或最终的教育支出；全口径教育核算的产品方将描述教育产品的来源和使用过程，即全口径教育行业视角下的教育服务和相关产品的供应和使用活动。

从一般均衡理论[①]出发，全口径教育核算将满足以下平衡关系：

全口径教育收入 = 全口径教育支出 = 教育总供给/总需求　　(2.1)

但实际上，全口径教育收入并没有全部用作教育产品的支出。例如，学校向教职员工发放的工资薪酬，除了用于教育服务和相关产品的消费外，也可能用于其他产品的消费（如日常的服装购买、学校范围外的餐饮开支以及旅游开支等）。此时还要考虑纳入非教育产品的供应和使用，从而确保产品方维持其供需平衡关系。

综上分析，全口径教育核算从教育供需平衡出发，将教育核算内容扩展至供给层的生产核算、需求层的消费核算以及产品层的产品核算，将教育核算总量细化为供给层的全口径教育收入、需求层的全口径教育支出以及产品层的教育总供给/总需求，满足全口径视角下的教育供给方、教育需求方以及教育产品方的三方平衡关系，从而实现对教育核算研究的突破、扩展与延伸。

第四节　全口径教育核算的方法选取

一、分类体系的调整

全口径教育核算的提出，给目前的教育核算研究带来了新的挑战。如何在全口径的视角下进行教育活动的准确测算，其关键在于通过使用新的分类体系来进行教育概念和教育范围的扩展。显然，进行全口径教育核算研究的首要工作是进行原有分类的重新调整。因此，本章拟从教育行业和教育支出两方面详细阐述如何进行现有分类体系的重新调整，同时建立全口径教育行业分类框架和全口径教育支出分

① “一般均衡理论”最早由瓦尔拉斯（Walras）1874年提出。按照这一理论，社会总供给与总需求理应保持平衡关系，包括总量平衡和结构平衡两种形式。

类框架。

（一）全口径教育行业分类框架

1.现有教育分类体系的比较分析

目前国际上主要的教育分类系统包括：国际教育标准分类（International Standard Classification of Education，ISCED）、所有经济活动的国际标准行业分类（ISIC）、主产品分类（Central Product Classification，CPC）、个人消费目的分类（Classification of Individual Consumption According to Purpose，COICOP）、政府职能分类（Classification of the Functions of Government，COFOG）以及为住户服务的非营利机构的目的分类（Classification of the Purposes of Non-Profit Institutions Serving Households，COPNI）。各分类框架概述如下：

国际教育标准分类（ISCED）是国际上关于教育统计领域最权威的一套国际标准。UNESCO在全球范围内颁布并实施这一标准的目的在于：为世界各国提供一套实施教育统计及其分析的标准方法框架；提供教育系统的国际比较平台（杨仲山、郑彦，2012）。ISCED（2011）构建双变量交叉分类框架，通过教育课程和公认资格证书两个分类单位，对教育等级和教育学科进行分类。

所有经济活动的国际标准行业分类（《国际标准行业分类》）是生产性经济活动的国际基准分类（联合国统计司经济和社会事务部，2009）。联合国统计司制定这一标准的主要目的是：提供一套根据此类活动予以编制统计数据的活动类别。ISIC为各国制定国家经济活动分类提供指导，并逐渐成为关于经济活动统计数据国际比较的一项重要工具。ISIC主要根据统计单位（如基层单位和企业）从事的经济活动进行归类。

主产品分类（CPC）是对所有货物和服务的完整产品分类，其主要目的是为产品统计资料的国际比较提供一个框架。CPC主要根据产品的物理性质和固有性质及原产业的原则对所有的货物和服务进行分类。

个人消费目的分类（COICOP）、政府职能分类（COFOG）以及为住户服务的非营利机构的目的分类（COPNI）都是按照支出发生的目的来分析各部门的消费或更一般意义的支出。这种分类也被称为功能分类。这三套分类系统都按照层次来划分支出类型，具体细分为类、组、级。

显然，各分类系统对教育的划分可能并不完全一致。

表2-1对上述分类系统进行了初步的比较分析。

表2-1 **教育分类系统对比表**

教育类别	ISCED 2011	ISIC Rev.4	CPC Ver.2.1	COICOP 2011	COFOG 2011	COPNI 2011
学前教育和初等教育	0~1	851	921~922	10.1	09.1	04.1
学前教育	0	8 510	921	10.1.0.1	09.1.1	04.1.0
初等教育	1	8 510	922	10.1.0.2	09.1.2	04.1.0
中等教育	2~3	852	923	10.2	09.2	04.2
初级中等教育	2	—	—	10.2.0	09.2.1	04.2.0
普通	24	8 521	9231	—	—	—
职业/技术	25	8 522	9232	—	—	—
高级中等教育	3	—	—	10.2.0	09.2.2	04.2.0
普通	34	8 521	9233	—	—	—
职业/技术	35	8 522	9234	—	—	—
中等后非高等教育	4	8 530	924	10.3	09.3	04.3
普通	44	—	9241	—	—	—
职业/技术	45	—	9242	—	—	—

续表

教育类别	ISCED 2011	ISIC Rev.4	CPC Ver.2.1	COICOP 2011	COFOG 2011	COPNI 2011
高等教育	**5~8**	**853**	**925**	**10.4**	**09.4**	**04.4**
第一阶段（短期高等教育——硕士或同等学位）	5~7	8 530	9251	—	09.4.1	—
第二阶段（博士或同等学位）	8	8 530	9252	—	09.4.2	—
其他教育和辅助服务	—	854~855	929	b：10.5.0	—	—
其他教育	—	854	9291	—	—	04.7
文化教育	—	8 542	92911	—	—	—
体育和文娱教育	—	8 541	92912	—	—	—
未另分类的教育	a：2~6	8 549	92919	10.5.0.1	b：09.5	b：04.5
教育辅助服务	—	855	9292	10.5.0.1	09.6	—
	—	c：8 412	d：91121	—	09.8.0	—
R&D教育	—	72	81	—	09.7	04.6

a：2~6级下的成人教育或继续教育课程。b：未按等级定义的教育。c：对提供保健、教育、文化服务和其他社会服务（社会保障除外）的机构的活动的监管。d：与教育相关的公共行政服务。“—”：没有对应分类。

资料来源：经作者整理得出。

从表2-1可以看出，不同分类系统对教育的划分既有重合，也有差异。各分类系统的重合主要体现为细分类别方面：一方面，各分类系统基本涵盖正规教育和非正规教育，具体包括学前教育和初等教育、中等教育、中等后非高等教育和高等教育。针对这四类教育，各分类系统的细分类别都有不同程度的重合。另一方面，针对其他形式的教育和教育辅助生产活动，ISIC、CPC、COICOP、COFOG和COPNI将其划为其他教育和教育辅助服务。此外，COICOP、COFOG和COPNI还特别提出R&D教育这一类别。

各分类系统的差异主要体现在以下两个方面：

一是分类依据差异。ISCED以教育课程划分教育等级（或以公认资格证书[①]划分受教育程度），其目的是“对由课程及资格证书所界定的教育活动，按照国际公认的类别进行分类”（联合国教科文组织统计研究所，2013）；ISIC以经济活动的相似性划分生产单位的行业，其目的是“以一种能按照单位所从事经济活动对单位进行分类的方法提供这套活动类别”（联合国统计司经济和社会事务部，2009）；CPC以产品特性或服务性质划分产品，其目的是对作为任何经济体生产成果的货物和服务进行分类；COICOP、COFOG和COPNI都是根据支出发生的目的进行相关部门消费和支出的划分，其目的是提供不同部门（政府、住户和NPISH）对教育的具体支出类别。显然，分类依据不同，可能导致不同的教育类别出现。

二是教育范围差异。ISCED是对正规/非正规教育范畴下教育服务的划分，没有涉及教育辅助服务（如支持教育过程与教育体系的非教学服务）。ISIC根据ISCED划定教育服务的类别，同时也包括教育辅助服务的生产活动。CPC原则上是对ISIC所界定的一个行业内生产的货物或提供的服务的分类，因而与ISIC教育的范围基本保持一致。COICOP是对个人教育服务支出的划分，并不包括与教育相关的其他方面，如教材支出以及诸如卫生保健服务、运输服务、饮食服务、住宿服务等教育支助服务。COFOG和COPNI是分别针对政

① ISCED（2011）对资格证书的界定是：以文件的形式对成功完成一个教育课程的某个阶段的正式确认。

府和NPISH的活动范围制定的分类。其中，COFOG不仅包括对公立学校的直接支出，还包括对私立学校的补贴和教育辅助服务的支出，如学校学生的接送、食宿支出等。COPNI主要是对公立学校或私立学校的教育支出。显然，教育范围不同，也会导致不同的教育类别。

显然，无论采用哪种教育分类系统，可能都无法做到对教育活动的全面测算。因此，本章拟从全口径的视角，提出新的教育行业分类框架，从而有利于全口径教育核算的相关研究。

2.全口径教育行业分类框架的构建过程

首先，明确分类目的和分类原则。

设计这一分类，其目的是为界定教育及相关单位的生产活动提供依据：一方面，将全部教育产品以及教育生产相关的所有经济单位都涵盖在教育行业之中；另一方面，提供一个框架来显示国际上通用和可比的教育经济单位类别。

这一分类主要依据经济活动的相似性进行分类：一方面，以ISIC（Rev.4）为基础，根据教育及相关单位生产活动的特点，将行业分类中与教育相关的类别进行重新组合，作为ISIC的派生分类；另一方面，与国际分类标准相衔接，本分类将借鉴ISCED、CPC、COICOP、COFOG、COPNI的分类方法，在定义和覆盖范围上与其衔接，以确保该分类系统的国际可比性；此外，也要考虑这一分类的可操作性和教育系统管理的需要。

其次，明确全口径教育行业的范围。

作为服务业，教育通常被归为“社会事业”领域，因其公共属性较强，市场失灵问题比较突出。狭义上，教育行业（简称教育业）是指：向社会公众提供教育服务（包括教学服务和非教学服务）生产活动的生产部门，通常包括一般政府和NPISH。与其相对应的分类体系即为ISIC（Rev.4）的门类“P教育”。但从广义上看，教育业应当包括教育服务的生产活动以及相关产品的生产活动，即全口径教育行业。

根据全口径教育行业的定义，全口径教育行业的范围将包括以下四方面：一是以提供教育服务为核心的教育产品的生产活动，如正规和非正规教育系统的教育服务；二是为实现教育产品生产所必需的辅助生产活动，包括教育辅助服务和教育支助服务；三是教育用品和专用设备的生产活动，包括教学材料供应、教育文具供应以及教育设备供应；四是其他次要活动，包括学校建筑物建筑和维护服务、校服或其他专用服装和鞋类供应。其中，以提供教育服务为核心的教育产品的生产活动构成全口径教育行业的主体，即核心行业；其他是对全口径教育行业的补充，即周边行业。

最后，明确分类方法和主要内容。

依据上述分类原则，将全口径教育行业分为以下五个层面：

第一层包括核心行业和周边行业，分别为“教育产品的生产”以及“教育相关产品的生产”两个部分。

第二层根据教育生产活动的自身特点和教育系统的管理将核心行业和周边行业划为4个类目，分别为教育、教育辅助生产、教育用品/专用设备以及其他次要活动。

第三层依据生产活动的相似性进行大组的划分，即将教育划为5个大组（分别为学前教育和初等教育、中等教育、中等后非高等教育、高等教育以及其他教育），将教育辅助生产划为2个大组（分别为教育辅助服务、教育支助服务），将教育用品/专用设备划为3个大组（分别为教学材料供应、教育文具供应以及教育设备供应），将其他次要活动划为2个大组（分别为学校建筑物建造和维护服务、校服或其他专用服装和鞋类供应）。

第四层是全口径教育行业的具体活动类别，共计24个类，参照

ISIC（Rev.4）相对应行业的组表示。对于含有部分教育生产活动的小类，在其名称后用“*”标出。

第五层为带“*”类下设置的延伸层。

此外，也会根据教育生产活动经济主体的特点，进行教育供给方的划分。

表2-2是全口径教育行业分类的主要内容。

表2-2　　　　**全口径教育行业分类表**

全口径教育行业	教育类别				教育供给方	ISIC
	类目	大组	类	次类别		
核心行业：教育产品的生产	教育	学前教育和初等教育			学校或类似组织	851
			学前教育	无	幼儿园、幼儿教育中心或附属于小学的特殊部门	8 510
			初等教育	无	国家特定的初等、小学或基础教育机构	
		中等教育			学校	852
			初级中等教育*	普通	中等学校（较低年级）、初级中等学校、中学、初级高中	8 521
				职业/技术		8 522
			高级中等教育*	普通	中等学校（高年级）、高级中等学校、（高级）中学	8 521
				职业/技术		8 522
		中等后非高等教育	中等后非高等教育*	普通	提供中等后非高等教育的机构	853
				职业/技术		
		高等教育			高等教育机构	
			高等教育：第一阶段*	短期高等教育	提供短期高等教育的教育机构	
				学士或同等学位	大学和等同高等教育机构	
				硕士或同等学位	大学和其他高等教育机构	
			高等教育：第二阶段*	博士或同等学位	以研究为导向的高等教育机构	
		其他教育			学校或其他教育培训中心	854
			其他教育和培训*	文化教育		8 542
				体育和文娱教育		8 541
				未另分类的教育		8 549

续表

全口径教育行业	教育类别				教育供给方	ISIC
	类目	大组	类	次类别		
周边行业：教育相关产品的生产	教育辅助生产	教育辅助服务	R&D服务a	无	研究所和大学等非政府机构	72
			教育系统管理	无	教育行政管理机构（如国家或省级教育部门、其他类似私有机构）	8 412
			非教学服务	无		855
		教育支助服务	餐饮服务	无	附设于学校的食堂或向学校提供餐饮服务的机构	5 629
			住宿服务	无	附设于学校的宿舍或向学校提供住宿服务的机构	5 590
			运输服务	无	提供校车服务的公交公司	4 922
			医疗服务*		大学附属医院或附设于学校的医务室	86
				医院活动		8 610
				医疗和牙科治疗活动		8 620
				其他医疗服务		8 690
	教育用品/专用设备	教学材料供应	教学材料印刷、出版和发行*	书籍印刷	学校附属的出版社	1 811
				书籍出版		5 811
				书籍零售	附设于学校的书店	4 761
		教育文具供应	教育文具制造和销售*	教育文具制造	教育文具制造商	1 709
						3 290
				教育文具零售	附设于学校的专门商店	4 761
		教育设备供应	计算机和配套软件发行和销售*	计算机和外部设备制造	计算机制造商	2 620
				配套教育软件发行	配套教育软件发行商	5 820
				计算机和配套软件零售	计算机和配套教育软件零售商	4 741
			体育用品、器材制造和零售*	体育用品、器材制造	体育用品、器材制造商	3 230
				体育用品、器材零售	体育用品、器材零售商	4 763
			其他教学专用设备制造和零售	无	无	无
	其他次要活动	学校建筑物建造和维护服务	学校建筑物建造	无	向其他教育机构提供相关服务机构	4 100
			学校建筑物维护	无		8 130
		校服或其他专用服装和鞋类供应	校服或其他专用服装制造和销售*	服装制造	校服或其他专用服装制造商	1 410
				服装零售	校服或其他专用服装零售商	4 771
			专用鞋类制造和销售*	鞋类制造	专用鞋类制造商	1 520
				鞋类零售	专用鞋类零售商	4 771

a：这里的R&D专指由政府或NPISH提供赠款、贷款和补贴等支持，由研究所和大学等非政府机构从事的研究和开发活动。本章拟将R&D的范围限定为高等教育机构，而不是所有生产部门的R&D。

3.分类框架的评价

通过整合现行国际分类体系，全口径教育行业分类框架实现对教育活动的全面测算。显然，这一框架为全口径教育核算研究提供一项组织工具：一方面，为教育及相关行业统计提供了统一的定义和范围；另一方面，也为获取国际可比的教育数据提供了可行方案。更为重要的是，这一分类框架为全口径教育卫星账户的制定提供了一套概念框架，因其对教育表现形式进行广泛的测量，为教育活动的全面测算提供重要指导。

不过，鉴于教育统计的数据收集工作是个难题，应用这一分类框架进行全口径教育核算研究也可能会面临一些困难。一方面，产业结构的迅速变迁，将为实施这一分类框架制造更多的困难；另一方面，若采用更为详细的教育类别，对各国统计局的实际操作是个挑战。

因此，应用这一分类框架进行全口径教育核算研究，要充分考虑如何避免结构和操作上的困难。可能要忽略一些细分类别，或者限定教育范围（如只考虑正规教育）。

（二）全口径教育支出分类框架

1.现有“支出”界定的局限性

SNA（2008）将货物服务支出定义为“为得到出售者提供给购买者或其指定的其他机构单位的货物和服务，购买者向出售者支付或同意支付的价值额”（联合国等，2012）。按照这一定义，承担教育支出的主体主要包括政府、NPISH、住户以及企业。其中，政府、NPISH以及企业虽然是承担教育支付责任的购买者，但并未实际占有教育服务，而是将其提供给住户个人。显然，SNA范围下的教育支出是指政府、NPISH和住户用于教育的最终消费以及企业用于教育的中间消耗的支出总和。

不过，从全口径的视角出发，这一“支出”概念存在局限性。从全口径教育行业的角度看，目前的支出项目只涵盖了提供教育服务核心行业的支出，并没有涉及提供教育相关产品周边行业的支出。因此，本章拟从全口径的视角，提出新的教育支出分类框架，从而有利于全口径教育核算的相关研究。

2. 全口径教育支出框架的构建过程

首先，明确分类目的和分类原则。

设计这一分类，其目的是为界定教育及相关单位的消费活动提供依据：一是将全部教育产品以及与教育消费相关的经济单位都涵盖在教育支出之中；二是提供一个框架来显示国际上通用和可比的教育支出类别。这一分类主要依据经济活动最终产品的相似性进行分类：一方面，以全口径教育行业为基础，根据全口径教育行业生产活动的最终产品，进行分产品类别的支出划分；另一方面，以SNA的货物服务支出概念为基础，根据承担全口径教育行业教育产品支付责任的购买者，进行全口径教育支出需求方的划分；此外，也要考虑这一分类的可操作性和教育系统管理的需要。

其次，明确全口径教育支出的范围。

根据前面对全口径教育支出的定义，全口径教育支出的范围将包括以下两方面：一是与核心教育服务相关的支出，主要指作为教育生产者的教育机构以及国外的支出；二是与教育相关产品的支出，主要指作为教育生产者的教育机构、作为消费者的教职员工/学生以及国外对教育周边行业生产活动最终产品的支出。根据全口径教育需求方的定义，全口径教育支出需求方是指直接承担教育产品支出的经济主体，其范围将包括直接承担教育服务和部分教育相关产品购买支付责任的生产者以及直接使用教育产品的最终消费者（不再作为生产者）。按照全口径教育核算的全新理念，全口径教育支出应当等于全口径教育收入。而实际上，全口径教育收入不仅用于教育产品的生产，也可能用于其他产品的生产。此时，可能需要考虑将非教育产品的支出纳入全口径教育支出的范畴，从而确保全口径教育收入等于全口径教育支出。在这种情况下，全口径教育支出将被视为经常性教育支出，非教育产品的支出将被视为其他支出。

最后，明确分类方法和主要内容。

依据上述分类原则，拟将全口径教育支出划分为以下两个层面：

第一层根据全口径教育行业生产的最终产品类别，将全口径教育支出分为8个大类，分别为教育服务、教育辅助服务、学校建筑物建造和维护服务、教育设备、教学材料、教育文具、教育支助服务以及校服或其他专用服装和鞋类等方面的支出。

第二层根据全口径教育行业的细化教育大类，将全口径教育支出划分为20个类别，作为全口径教育支出的子类别。

此外，也会根据承担教育产品支付责任的购买者，进行全口径教育支出需求方的划分，主要包括教育机构、教职员工、学生以及国外这四方面。其中，教育机构又是提供全口径教育行业生产活动最终产品的生产者。

表2-3是全口径教育支出分类的主要内容。

3.分类框架的评价

通过对教育支出的重新划分，全口径教育支出分类实现对教育消费过程的全面测算：一方面，全面刻画了全口径教育行业最终教育产品的消费者行为；另一方面，明确区分了承担教育支付责任的购买者（即教育需求方）以及使用教育产品的最终消费者。显然，这一分类为从需求角度构建教育卫星账户提供了重要的概念基础。不过，目前的划分比较粗略，未来需要考虑对全口径教育支出予以更加细致的划分。

表2-3　　　　　　　　**全口径教育支出分类框架**

全口径教育支出	教育支出类别	教育需求方	全口径教育行业
教育服务	学前教育和初等教育	教育机构；国外	核心行业
	中等教育		
	中等后非高等教育		
	高等教育		
	其他教育		
教育辅助服务	R&D服务		周边行业
	教育系统管理		
	非教学服务		
学校建筑物建造和维护服务	学校建筑物建造服务		
	学校建筑物维护服务		
教育设备	计算机和教育配套软件		
	体育用品、器材		
	其他教学专用设备		
教学材料	教材、参考书、工具书等	教育机构；学生；国外	
教育文具	钢笔、铅笔、纸等	教育机构；学生；国外	
教育支助服务	学校食堂特许经营	教职员工；学生；国外	
	学校宿舍住宿服务	教职员工；学生；国外	
	学校班车运输服务	教职员工；学生；国外	
	学校医疗服务和牙科服务	教职员工；学生；国外	
校服或其他专用服装和鞋类	校服及其他工作服、专用鞋类	教职员工；学生；国外	

（三）基于教育行业的指标框架

全口径教育行业的提出，为研究者提供了一个用以测量教育各种表现形式的通用概念框架。为了促进这一分类框架的具体实施，作者拟建立基于教育行业分类的指标框架，确定每个相关行业所选用的具体指标，达到对教育过程和产出的直接测量，从而为研究者提供一个务实可行的数据收集框架。

借鉴《2009年联合国教科文组织文化统计框架》（联合国教科文组织统计研究所，2011）的交叉矩阵模型[①]，本章拟构建教育指标交叉矩阵，如表2-4所示。其中，横向为教育行业，主要参照全口径教育分类框架（即表2-2）；纵向为教育过程各要素，主要环节包括生产/制造、销售/传递以及消费/参与。

表2-4　**教育指标交叉矩阵**

	教育行业																
	核心行业					相关行业											
	学前和初等教育	中等教育	中等后非高等教育	高等教育	其他教育	R&D服务	教学监管	餐饮服务	住宿服务	运输服务	医疗服务	教学材料和教育文具供应	计算机和配套教育软件供应	体育器材供应	其他教学专业设备供应	学校建筑物建筑和维护服务	校服或其他专用服装和鞋类供应
生产/制造																	
销售/传递					指标												
消费/参与											指标						

资料来源：联合国教科文组织统计研究所. 2009年联合国教科文组织文化统计框架［M］. 蒙特利尔：联合国教科文组织统计研究所，2011.

① 《2009年联合国教科文组织文化统计框架》主要用以定义和测量文化。通过使用基于文化统计框架的8个领域同文化周期各要素的交叉矩阵模型，为文化统计开发一个可行的数据收集框架。

通过使用这一指标矩阵，可以为教育数据收集工作指明方向，使得直接测量更为可靠。以核心行业为例：针对生产/制造环节，由于大部分教育被视为非市场服务，可以采用间接的指标，即雇员报酬，来显示不同层次的教育服务；针对教育产品的传递过程，或免费提供给学生，或以市场价格提供给学生（此时可以使用学生支付费用来衡量）；针对教育的参与者，可以使用不同教育等级下的学生人数、教师人数或其他教育员工人数等来衡量。不过，并非所有指标都能直接获得（如教育系统管理、非教学服务等）。显然，这一指标框架既展示了对教育的直接测量，也凸显了目前无法测量的方面。

二、卫星账户的引入

目前教育核算研究的重点集中于对教育活动的产出测算方面，教育产出的核算方法主要包括投入成本法、产出指标法以及人力资本方法。不过，由于目前的研究方法只考虑教育生产的最终结果，这些方法并不适用于进行全口径教育核算研究。相比之下，卫星账户为实现全口径教育核算提供了重要途径。

1.卫星账户研究方法

卫星账户（Satellite Accounts，SA）最早由SNA（1993）提出，“一般强调对所选择的社会关系的领域，需要以灵活的方式扩大国民经济核算的分析容量，而不过分加重中心体系的负担或打乱该体系”（联合国等，1995）。SNA（1993）也称之为“附属账户”。

卫星账户研究方法通过提供一个与SNA中心框架相联系的补充账户或框架，进行宏观经济账户分析和范围内某个特定领域或方面的分析。卫星账户通常提供更详细的信息、重新排列中心框架下的概念或分类，以及引入补充信息（如非货币性的存量和流量信息）等，从而满足特定的数据需求以及对新核算方法的研究。可以说，卫星账户既是一个分析工具，也是一个统计协调的工具：一方面，卫星账户是为国民经济核算范围内某个特定领域或方面设计的灵活性账户，用以考察该领域内的详细信息；另一方面，卫星账户是对SNA中心框架的补充而不是替代，它与SNA中心体系相连接却又不同于中心体系。

目前，卫星账户研究方法被广泛用于经济生活中的特定领域或方面的分析，如旅游、卫生、教育、R&D、信息与通信、环境、住户部门等。可以看出，卫星账户研究方法可以用于某一具体领域的分析研究。

2.卫星账户的适用性

本书拟将卫星账户作为全口径教育核算的主要方法。卫星账户的适用性主要体现为以下三方面：一是卫星账户研究方法将实现全口径教育核算的基本原理，即教育供给方、教育需求方以及教育产品方的三方平衡关系；二是卫星账户研究方法将实现全口径教育核算的多维度研究视角，即从供给、需求和产品等多维度来考察教育活动；三是卫星账户研究方法将实现全口径教育核算的概念和分类调整，即重新排列SNA中心框架下的定义、分类等基本要素。

首先，卫星账户实现全口径教育核算的基本原理。

大部分卫星账户借助于供给使用表框架来进行某一特定领域经济活动的深入分析。而构建供给使用表的前提是满足产品平衡关系，即“按基本价格计算的总产出加进口、加贸易和运输加价、加产品税减产品补贴，等于按购买者价格计算的中间消耗、最终消费和资本形成之和再加出口”（联合国等，1995）。显然，全口径教育核算也是基于产品的供需平衡原理，实现对教育活动测度的扩展和补充：即教育供给方、教育需求方以及教育产品方需要保持三方平衡关系。因此，卫星账户研究方法将实现全口径教育核算的基本原理。

其次，卫星账户实现全口径教育核算的多维度研究视角。

与SNA中心框架相比，卫星账户不仅考察了某一特定经济体的生产活动和消费活动，还将考察与之相关的资金来源，即融资活动。可以说，卫星账户为全方位考察经济活动提供了可能。而全口径教育核算的一个显著特点是：实现了对教育活动的多维度考察，即考察供给、需求以及产品等多层面的教育活动。因此，卫星账户研究方法将实现全口径教育核算的多维度研究视角。

最后，卫星账户实现全口径教育核算的概念和分类调整。

卫星账户相比SNA核心账户体系，可能提出新的概念以及采用不一致的分类标准。一方面，卫星账户通过引入新的概念，扩展了原有核算范围；另一方面，卫星账户通过功能分类来划分经济活动，将与体现功能属性相关的经济活动重新划分在一个新的类别之下。显然，全口径教育核算也对原有教育活动的基本定义、分类标准等提出新的要求，包括提出新的概念（如全口径教育行业、全口径教育支出）、重新划分教育活动的范围（即扩展原有教育生产活动、教育消费活动的范围）。因此，卫星账户研究方法将实现全口径教育核算的概念和分类调整。

综上分析，卫星账户研究方法是目前进行全口径教育核算研究的最佳方法，卫星账户无疑为全口径视角下教育活动的测度提供了方法支撑。

三、“概念性框架”的提出

基于卫星账户研究方法，并结合全口径教育行业分类框架和全口径教育支出分类框架，本章拟提出构建全口径教育卫星账户“概念性框架”的初步设想。

全口径教育卫星账户“概念性框架”是从全口径的视角建立的一套卫星账户体系，其出发点是教育产品的供给与需求之间要保持平衡关系。基于一套特定分类体系（如教育生产者分类、教育融资者分类、教育消费者分类以及教育产品分类等），这一框架将分别构建供给账户、需求账户和产品账户，将与教育系统相关的所有经济流量都涵盖在一个统一结构中。显然，这一框架有助于更好地理解教育领域，进行教育经济活动的测度研究。具体来看，可以从以下四方面阐述这一框架的理论设计：

1.研究目标

设计这一概念框架，其主要目标是全面考察教育系统的所有经济流量。一方面，教育系统下的经济活动将分别反映教育的融资、生产、需求、使用等不同环节；另一方面，教育系统下的经济流量将分别显示为收入、支出、产出或消费等不同指标。

2.研究视角

这一概念框架将从多维视角出发，分别考察供给、需求和产品三个不同层面的经济活动。供给层面的账户主要反映教育的融资与生产；需求层面的账户主要反映教育的需求；产品层面主要反映教育的供应与使用。

3.研究内容

这一概念框架将以教育生产活动、教育消费活动以及教育产品供应和使用活动为主要研究内容。其中，供给层面的账户主要考察教育生产活动，需求层面的账户主要考察教育消费活动，产品层面的账户主要考察教育产品的供应和使用活动。

4.框架和指标

这一概念框架拟分别采用SNA账户（如收入分配账户、供给使用表）、支出表等账户结构来进行供给账户、需求账户以及产品账户的设计，这三套账户将共同构成全口径教育卫星账户的基本框架。相应地，这一分析框架将提供教育生产指标（如教育总产出、教育中间投入、教育增加值等）、教育收入指标（如全口径教育收入、可支配教育收入等）、教育支出指标（如全口径教育支出、教育投资或消费支出等）等主要统计指标。

综上分析，全口径教育卫星账户的“概念性框架”是一个系统、全面的核算框架，反映了全口径教育核算的核心内容，为全面考察教育系统的经济活动提供了重要方法。

第五节　总结

本章详细阐述全口径教育核算理念，指出全口径教育核算是通过考察供给、需求和产品三个不同层面的教育活动实现对教育活动测度的扩展和补充。在此基础上，建立全口径教育行业分类框架、全口径教育支出分类框架以及基于教育行业的指标框架三个重要分类框架，指出通过卫星账户进行全口径教育核算研究，最终提出构建全口径教育卫星账户“概念性框架”的初步设想。接下来，基于“概念性框架”，本书拟深入研究全口径教育卫星账户的编制理论和技术问题，进行全口径视角下供给、需求以及产品层面教育活动的详细分析。

第三章

现有教育卫星账户的理论与实践

本书是对教育卫星账户的深入研究。而编制全口径教育卫星账户的前提是全面了解和把握教育卫星账户的基础理论与实践经验。这些研究将为编制全口径教育卫星账户提供理论方法和重要参考，因此，有必要对以往研究进行系统总结。本章首先阐释教育卫星账户的定位；其次，详细梳理教育卫星账户的历史渊源和发展演变；再次，分别对教育卫星账户的编制方法和国际经验进行系统研究；最后，结合全口径教育卫星账户的“概念性框架”对各国或区域组织编制实践进行比较分析，进而总结和评析现有教育卫星账户的研究。

第一节　教育卫星账户的定位

一、教育卫星账户的内涵

1.基本概念

卫星账户是SNA为了扩展其分析功能而设置的一种补充账户。相比于SNA的中心体系，卫星账户将具备更大的自由度。基于SNA对卫星账户的定义，拟对教育卫星账户的界定如下：教育卫星账户是针对教育领域编制的账户体系，主要记录与教育相关的所有经济流量。基于经济交易的基本类型，这一账户将与教育相关的经济流量划分到不同的部门（以机构部门展示的教育生产者和教育融资者）以及不同的产品（教育特征产品和教育关联产品）之中，从而以更加详尽的方式来描述教育的融资、生产以及使用等主要过程。

若考虑到教育与人力资本之间的复杂联系，即将教育视为对人力资本的投资。那么，教育卫星账户将得到进一步扩展。扩展后的教育卫星账户可划分为两类，分别是教育生产卫星账户和人力资本卫星账户。其中，前者被定义为针对正规教育部门所编制的账户体系，用以描述正规教育的投入以及相应产出；后者被定义为针对人力资本所编制的账户体系，用以描述人力资本资产的生产、使用或积累过程。

2.教育卫星账户的类型

SNA（2008）指出，“卫星账户有两类，各自具有两种明显不同的功能。第一类，有时被称为内部卫星账户……第二类被称为外部卫星账户”（联合国等，2012）。总体上，可以将卫星账户划分为以下两大类：一是内部卫星账户。这类卫星账户会遵循SNA的基本核算规则，但对SNA原有的标准分类和层级关系进行重新排列，并可能引入一些补充信息，用以重点分析某一方面内容。开发这一卫星账户的主要目的是将所感兴趣部门的全部细节都显示在卫星账户中，以满足某些特殊用途的需要（如对某一具体部门的监测）。其中包括对SNA中心体系中该部门信息（通常被合并为更综合的总量来展示）的细分，以及纳入该部门内部交易的构成部分。这类账户通常是为某一领域设置的，也可以将其视为关键部门账户的扩展。

二是外部卫星账户。这类卫星账户主要以对SNA基本概念的替代为基础，也可能会增加由实物单位或非货币单位测度的非经济数据。开发这一卫星账户的目的是用以开发新研究领域的方法。这类卫星账户的重点是采用替代概念，这可能会带来局部的补充性总量。

此外，有部分账户同时具备上述两类卫星账户的特征，可将其视为混合型卫星账户。

按照SNA对卫星账户的划分，可以将教育卫星账户划归为内部卫星账户，而设置这一账户的主要目的是实现对教育部门账户的进一步扩展；作为扩展后的教育卫星账户，教育生产卫星账户同时具备了内部卫星账户和外部卫星账户的特点，可以将其划归为混合型卫星账户，而设置这一账户的主要目的是实现对教育活动产出和生产率的独立测算；人力资本卫星账户被划归为外部卫星账户，而设置这一账户的主要目的是对人力资本的测算。

3.教育卫星账户的特点

总体来说，卫星账户具备以下几个特点：一是作为功能导向型账户，卫星账户将重点分析经济中的某一功能；二是作为特殊部门账户，卫星账户将重点分析某一产业、产品或机构部门；三是卫星账户将引入实物量数据或其他非货币性数据来扩展其账户内容；四是卫星账户将显示更多的详细信息或使用补充性概念；五是卫星账户将使用不同的基本概念；六是卫星账户将使用模型或试验性结果（Eurostat，2013）。

不同类型的卫星账户，可能具备一个或多个特点。相应地，可以将教育卫星账户的主要特点概括为以下三点：一是以功能分类为基础，重点分析教育功能；二是重新划分教育分类，重点分析教育产业、教育产品；三是引入与教育相关的非货币性数据，如学生人数、教师人数。扩展后的教育卫星账户，其主要特点可以概括为两点：一是重点分析教育部门；二是引入补充性的概念，如人力资本。

二、教育卫星账户与SNA的关系

基于SNA对卫星账户的阐述，可以将教育卫星账户视为国民经济核算体系（SNA）的附属账户或补充账户。

SNA（2008）详细而全面地记录了所有的国民经济活动。显然，教育作为一项重要的经济活动，在SNA中心框架中通过以下方式予以呈现："由中小学、大专院校等所提供的教育服务可视作学生获取知识和技能过程中的消费，这种类型的教育应作为最终消费处理。当雇主为了提高员工的工作效率而对其进行培训时，所发生的相关成本可视为中间消耗"（联合国等，2012）。此外，目前人力资本并没有被划在SNA的资产范围之内，而是推荐以卫星账户的方式来开发人力资本记录的替代方法。

总体来看，目前SNA并没有采用完全一致的方式来记录教育支出，而与教育服务密切相关的人力资本也没有在考虑之中。针对教育领域，SNA主要关注教育服务的生产，与教育相关的一些次要活动或产品并没有体现在目前的中心框架中。

显然，如果想描述教育活动的各个部分，目前SNA中心框架对教育的阐述可能就不够充分。当关注与教育相关的经济交易时，SNA（2008）对教育的描述显然不够精准，也不够全面。除了教育服务的生产活动外，也应当考虑纳入与提供教育服务相关的次要活动以及辅助活动等。对教育部门的描述，除了考虑经济产出外，也应当纳入教育的需求。

因此，需要开发一个具体的方法框架，专门针对教育领域。正如SNA（2008）所述，“更具灵活性并体现进一步扩展的一种形式是编制卫星账户。它与中心体系相连接但又不同于中心体系”（联合国等，2012）。显然，教育卫星账户是针对教育领域所制定的专门框架：一方面，它与SNA（2008）中心框架紧密联系，因其所采用的绝大部分定义、分类、方法以及核算原则等与中心框架保持一致；另一方面，它与SNA（2008）有所不同，因其细化了原有教育部门的信息，同时加入一些细节以及其他补充性信息。因此，教育卫星账户的编制，需要将SNA（2008）中心框架下教育部门中被隐含的活动做细化处理，同时增加一些新信息。这就要求我们对原有的教育数据进行重新划分，即进行教育的重新分类。

综上分析，教育卫星账户是对SNA的扩展与细化，将教育卫星账户作为SNA的附属账户，意味着教育卫星账户将与SNA共同使用一些基本概念、分类、方法、核算原则和账户结构等。教育卫星账户的信息，将主要由SNA中心框架提供，其余内容将通过细化教育隐含信息、新增非货币性数据信息等手段来实现。

三、教育卫星账户的用途

到目前为止，国际上只有为数不多的国家实际构建了教育卫星账户，或更为复杂的人力资本账户。开发教育卫星账户虽然可能受到诸多因素的影响，如数据限制、各国教育体系不一致、投入成本高等，但建立教育卫星账户对于促进整个教育体系的发展、测度教育对经济影响等方面具有十分重要的意义。具体来看，教育卫星账户的用途主要体现为以下四方面：

第一，教育卫星账户为深入分析教育活动提供重要的方法基础。

教育卫星账户为教育产业（或部门）提供了一些必须遵守的基本原则。基于这一概念框架，可以考虑进一步开发国家教育卫星账户以及区域性教育卫星账户，为深入分析一国教育活动或各地区教育活动提供重要参考。人们可以根据新开发的国家或区域性教育卫星账户，对各国以及本国各省/地区的教育收入、教育支出、教育增加值等重要指标予以测算，进而衡量各国以及本国各省/地区教育产业的重要性，为教育部门的政策制定提供理论支持。

第二，教育卫星账户可以用于创建一个更广泛的教育数据库。

教育卫星账户可以将与教育相关的分散信息汇集到一个综合方法框架下，主要包括来自不同的教育供给方、教育需求方的信息以及教育产品方的全部信息。显然，来自不同方面的数据信息已经形成一个更为庞大的教育数据库。因此，从教育卫星账户出发，可以构建一个更加详尽的教育数据库，为进行教育经济分析、教育政策制定等提供重要的数据支持。

第三，教育卫星账户可以用于分析教育经济规模以及重要性。

为了分析教育产业的经济规模，需要确定教育产业的宏观经济总量。设立教育卫星账户，可以提供一个用于衡量经济体中教育产业经济规模的相对指标。通过对教育增加值、教育消费等总量指标的测算，可以将教育与其他经济领域进行比较，全面揭示教育的重要性。

第四，教育卫星账户有助于改善教育核算体系。

教育卫星账户是以SNA基本概念、分类、核算原则为基础而编制的附属账户，为国际的教育比较提供了基准参考。显然，建立一个国际通用的教育卫星账户框架，不仅为各国提供了教育统计的统一规范和原则，更为各国教育核算体系的改善提供方法参考。就此而言，构建教育卫星账户也被视为建立完善的教育统计系统的一个重要步骤。

总之，作为国民经济的重要组成部分，教育产业的飞速发展必然促进了教育卫星账户的产生和发展。教育卫星账户的编制，将力争达到以下三个目标：第一，获取与国民账户一致的教育总量数据，加强教育的国际比较；第二，为监测教育和人力资本对经济增长和福利变化的影响提供有力工具；第三，为教育政策分析提供更丰富以及更高质量的教育数据。

综上分析，教育卫星账户是针对国民账户教育部门所编制的一种扩展性账户，通常被划为内部卫星账户，主要反映教育目的这一功能属性。教育卫星账户具备了一般卫星账户的普遍特点。不过，教育卫星账户并不能严格遵照SNA的核算原则、概念以及方法等，显然目前的教育卫星账户还无法成为SNA的核心内容之一，只能作为重要的补充内容。建立教育卫星账户对于促进整个教育体系的发展、测度教育对经济影响等方面具有十分重要的意义。在此基础上，将教育卫星账户定位为：SNA的附属账户或补充账户，主要反映教育的功能属性或对SNA中心框架的补充。教育卫星账户的编制，对于促进整个教育产业的迅速发展、教育体系的高效管理等都具有极大的促进作用。

第二节　教育卫星账户的历史演变

一、历史渊源

“卫星账户”的概念最早由SNA（1993）提出。但在此之前，已有国家尝试编制教育卫星账户。教育卫星账户的起源，可以追溯到20世纪70年代初。早在1971年，法国就尝试编制第一个教育账户。不过，最初的账户并不完整，只进行初步的、部分的评估。基于1974—1981年度系列账户，法国逐步建立教育账户的概念和技术基础。近年来，由于法国教育核算体系出现若干变化，法国教育部下设的评估、预测与绩效司（Evaluation，Prospective and Performance Directorate，DEPP）在21世纪初开始修订原有教育账户，并从1999年起根据新的概念、方法和原则发布更新后的教育账户。经过长期的规划、改进和发展，法国教育卫星账户逐渐演变成为一套系统的教育账户体系。可以说，法国是国际上首个编制教育卫星账户的国家之一。

SNA（1993）的发布，使“卫星账户”正式进入国民经济核算研究的视野之中。SNA（1993）对“卫星账户”的概念性描述为：“卫星账户与SNA的核心账户相联系，侧重考察国民核算范围内经济和社会生活的某一特殊领域。”（Jorgenson等，2013）美国经济分析局（Bureau of Economic Analysis，BEA）也给出类似的阐释：“卫星账户作为扩展经济分析能力的框架，是对现有账户的补充而不是取代。”（Jorgenson等，2013）显然，卫星账户为特定领域的经济研究提供一个灵活的核算工具。此后，国际层面逐渐开展了不同经济领域卫星账户的开发研究，对教育领域亦是如此。因此，SNA（1993）“卫星账户”的提出，确立了教育卫星账户作为其附属核算的重要意义。

二、发展演变

卫星账户虽然在旅游、卫生、R&D等许多领域得到应用，但在教育领域的发展相对缓慢。从时间上看，法国是第一个编制教育卫星账户的国家。自1971年第一个教育账户产生以来，法国一直致力于发布年度教育账户，如1974—1981年度账户、1999—2009年度账户以及2006—2014年度账户等系列数据。法国教育账户主要发布7套账户表，分别展示国内教育支出（DEE）、教育生产者支出和融资来源以及人均学生支出等详细信息。值得关注的是，法国教育账户包括临时账户（Provisional Account）和最终账户（Final Account）两种类型。法国教育部（2011）提出，编制临时账户的目的是促进不同来源数据的充分利用。在没有完全获取本年度最终教育数据之前，以过去一年最终账户数据预测得到的结果为基础，可以编制临时账户。显然，最终账户比临时账户更可靠。相比之下，早期并没有太多国家或者学者关注教育卫星账户。

自SNA（1993）提出使用卫星账户进行扩展分析以来，许多国家和学者都尝试进行不同领域卫星账户的开发试验。近些年来，也有国家或学者尝试开发教育卫星账户或扩展的教育卫星账户。下面将分别阐述国内外教育卫星账户的研究发展。

教育被视为美国的重要部门/行业之一。不过，像学生、父母花费的时间、社会资本等重要的教育投资内容，并没有纳入当前美国NIPAs中。因此，美国在2005年提出编制教育卫星账户的设想。Abraham和Mackie（2005）指出：这一账户至少将在三个方面有助于研究者和政策制定人员：“首先，像时间这样的非市场投入——学生、家长和其他人员，以及社会资本都是教育投资的重要方面，但在传统的NIPAs中是缺失的。考察全部教育投入以及相关产出，将有一个更完整的描述；其次，一个单独的教育账户将包括必要的数据，以便提高我们对资本存量（更广义的界定，即包括人力和非人力资本）和投资如何影响经济增长的理解；最后，教育部门非常重要，理解公共和私有教育部门的产出和生产力，是人们最为关心的。”进而，Abraham（2010）提出，教育卫星账户的框架将同时包含正规教育的成本（也指投入）和正规教育的回报（也指产出）。

葡萄牙从2007年开始实施教育卫星账户试验项目，其目的是为国民账户提供更高质量的教育数据。这一账户侧重考查整个教育系统。概念框架的设计，既要与国民账户保持协调一致，也要满足UNESCO-UIS/OECD/Eurostat（UOE）调查问卷的数据要求。葡萄牙教育卫星账户主要发布6套账户表，分别展示教育供给和使用、教育就业以及教育总支出等详细信息。Quintela（2007）在测量教育和卫生物量研讨会上提交了一份关于编制葡萄牙教育卫星账户的研究文件，详细阐述了这一卫星账户理论框架的构建原理。同时指出，这一框架对于卫星账户的使用者十分重要，因其提供了国民账户以外更详细的信息，也将不断改善国民账户的数据质量。

英国国家统计局（Office for National Statistics，ONS；2008）尝试开展教育卫星账户研究，并界定教育的特征产品和关联产品范畴：教育的特征产品包括“所有的市场和非市场性教学活动，以及所谓的‘辅助活动’，这些活动包括‘课程管理、教学研究、教育综合管理、学校和大学食堂、寄宿制学校、学校医疗活动、大学图书馆以及由政府机构制定的教学文件’”，教育部门的关联产品包括“学校校车服务、教科书和用品、学校当局需要的与学校相关的服装和闲暇休闲”。

澳大利亚国家统计局在2008年提出构建人力资本积累账户。从人力资本的“资本”属性出发，通过使用“人力资本形成”这一替代性概念，这一账户详细描述了人力资本的存量和流量信息，包括人力资本的形成、折旧与重估值。

考虑到人力资本的重要性，意大利国家统计局于2010年开发一项战略，旨在衡量人力资本存量以及构建人力资本卫星账户。这项战略的起点即是对意大利教育卫星账户的研究。意大利教育卫星账户主要发布4套账户表，分别展示按照教育融资者、教育生产者、教育产品划分的教育经济流量的来源和使用以及劳动力投入等信息。尽管Di Veroli和Tartamella（2010）只提供了教育卫星账户的理论框架，但同时也指出，实施这一框架有助于改善教育数据库。他们也将开展教育卫星账户经济流量评价的深入研究。除了构建教育卫星账户的核算框架，意大利也提出编制人力资本账户的初步设想，但没有建立具体的账户形式。

加拿大在2010年也提出构建人力资本卫星账户的想法。引入人力资本，可能需要对国民账户的具体账户内容及其主要总量进行细微调整。因此，借助于CSNA现实数据，Gu和Ryan（2016）深入分析了基于成本法和收入法测算的人力资本所带来的账户结构和总量指标的调整变化。

希腊在2014年尝试以Preveza地区为例进行教育卫星账户的编制研究。拟议的卫星账户侧重考察区域内的特定教育机构，即伊庇鲁斯技术教育学院（Technological Educational Institute of Epirus，TEI Epirus）的全部经济流量。基于生产账户（或供给表），教育卫星账户主要发布4套账户表，分别展示教育总量指标（教育增加值）、就业和消费等详细信息。但实际上，希腊还没有开发一套完整的教育卫星账户。

Schultz（1961）区分了三种教育，分别是针对当前消费的教育，针对未来长期消费的教育（作为持久消费者的投资），以及针对知识和技能的教育（作为未来收益的投资）。而SNA通常将全部教育支出作为当前消费处理，没有考虑Schultz提出的另外两种情况。2011年，基于Schultz提出的第三种教育内涵，荷兰通过引入人力资本信息，编制人力资本和教育卫星账户。这一卫星账户主要发布3套账户表，分别展示人力资本的供给与使用以及融资等详细信息，重点分析作为“生产目的”的人力资本形成。与传统的供给使用表相比，这一卫星账户新增“雇员”“学生”“未就业”三个产业类别，新增产品类别“劳动力供给服务”。

2015年，通过将人力资本投资视为生产产品/资产，挪威也尝试编制人力资本卫星账户。这一账户重点分析教育部门提供正规教育以及企业向雇员提供培训和课程所带来的经济回报等要素，人力资本的生产者不再局限于教育部门，而是扩展为接受教育或培训/课程的个人。与传统的国民账户供给使用表相比，扩展后的供给/使用表在产品、特征产业等方面存在差异，如特征产业和相应产品的增加、将“人力资本”作为新的项目纳入资本形成总额。

基于各国教育卫星账户的编制经验，UNECE下设的人力资本测度工作组（2016）也制定了教育和培训卫星账户的编制方法。这一卫星账户发布了2套主要账户表和3套补充账户表，分别展示教育的供给使用、教育资金的来源使用以及人口、学生等信息。通过对产品、生产者以及融资者等变量的详细划分，这一卫星账户不仅提供教育和培训支出的详细信息，也显示这些支出的融资情况。通过构建这一卫星账户，验证了目前SNA对教育产品的划分不够准确，未来将继续改善教育产品的分类。

通过对国外教育卫星账户研究的详细梳理，可以发现：法国是目前唯一一个发布年度教育卫星账户的国家，已经发布的教育账户包括1974—1981年度账户、1999—2009年度账户以及2006—2014年度账户等系列数据。此外，希腊尝试汇编2014年区域教育卫星账户、荷兰尝试汇编2008年人力资本卫星账户。不过，大部分国家或区域组织的研究重点集中于构建教育卫星账户或人力资本卫星账户的理论框架。相比之下，目前我国并没有将重点放在教育卫星账户方面，个别学者尝试开展这一领域的相关研究，如刘军（2006；2007）、王静（2007）、李金华（2008）、李闻闻（2015）。

第三节　教育卫星账户的编制方法

一、构成要素

编制教育卫星账户之前，需要对“教育领域”这一术语加以定义。本章将从经济活动的角度来定义这一术语。相应地，“教育领域”涵盖一系列典型活动以及相关货物和服务。其中，典型活动是指教育服务的生产活动，即从学前教育到高等教育的所有阶段以及其他教育培训的生产活动的集合；相关货物和服务包括与提供教育服务相关的辅助服务或货物，如教育用品和专用设备、教育支助服务和辅助服务等。

概念性要素描述了教育卫星账户的基本构成。基于对教育领域的界定，本章将详细阐述不同类型教育卫星账户的概念性要素。

1.教育卫星账户

这一卫星账户反映了教育领域内与教育相关的融资、生产及使用等主要过程。具体来看，这一账户主要由以下几个要素构成：

（1）生产和产品

在SNA中心框架中，教育生产活动主要是指提供教育服务。而教育卫星账户中，教育领域的生产活动不仅包括提供教育服务的主要活动，也将包括其他与提供教育服务相关的次要活动和辅助活动。

在SNA中心框架中，教育生产活动的产品被视为非市场性教育服务。而教育卫星账户中，教育领域的产品范畴将被扩大，即产品将被视为该领域的特有产品，并且进一步划分为教育特征产品和教育关联产品。按照SNA（2008）的定义，特征产品是指“在该领域具有典型性的产品”，关联产品是指“首先，它们清楚地包括在特定领域支出概念内，因此其使用受到关注；其次，它们不具有典型性，这或是因为其本质，或是因为它们会被归入更大的产品类别”（联合国等，2012）。相应地，教育特征产品是指教育服务，主要对应于教育领域的主要活动，教育关联产品是指与提供教育服务相关的货物和服务，主要对应于教育领域的次要活动和辅助活动。

（2）生产者、使用者和资金来源

在SNA中心框架中，教育通常指由一般政府或NPISH向住户所提供的非市场产出。因此，教育的生产者指一般政府或NPISH，教育的使用者指住户。

在卫星账户中，生产单位（或生产者）通常是指从事相关经济生产活动的主体，包括主要活动、次要活动以及辅助活动等。相应地，教育生产者是指在教育领域内从事教育生产活动的经济主体，通常利用教育融资者所提供的资源开展相关活动。通常根据ISIC的主要经济活动进行教育生产者的划分。

在卫星账户中，使用者（或受益者）是指使用该领域特有产品的人或从相应的转移中受益的人。相应地，教育使用者（或受益者）是指使用教育特有产品或从相应转移中受益的人，包括学生、教师或其他教职员工等，也可将其统一归为个人。

考虑到使用者可能并不全都是由自己来负担相关费用，有必要在卫星账户中进行最终费用负担者的分析。在卫星账户中，资金来源单位（或融资者）是指向生产者提供资金来源的主体，也被视为最终负担费用的单位。相应地，教育融资者是指承担教育领域内所有活动费用的经济主体。通常根据SNA的机构部门进行教育融资者的划分。显然，教育融资者并不会直接从事教育活动，而是承担教育活动的相关成本。

（3）经济交易

SNA中心框架一方面通过核心账户体系描述了收入如何形成、分配再分配、用于消费或资产获得等过程；另一方面通过供给使用表描述了生产和消费过程。教育卫星账户主要借助于供给使用表，描述教育产品的生产和消费过程。此外，考虑到教育的资金来源，教育卫星账户还描述了教育产品的融资过程。因此，教育卫星账户依据经济交易的类型，将与教育相关的经济流量划为融资、生产和支出等主要类别。

2.扩展的教育卫星账户

扩展的教育卫星账户主要有两种类型，分别为教育生产卫星账户和人力资本卫星账户。教育生产卫星账户反映了教育的投入和产出构成。因此，需要明确教育投入和教育产出的内容。与SNA中心框架相比，教育的投入不仅包括市场性投入，也将包括非市场性投入（如学生、家长的时间）；教育的产出不再是非市场性服务，而是教育的投资回报。人力资本卫星账户反映了人力资本的生产、使用或积累过程。与教育卫星账户类似，人力资本卫星账户也需要明确上述主要构成要素，即人力资本的生产活动（经济资产的生产活动）和相应产品（即人力资本的投资）；人力资本的生产者、融资者和使用者；经济交易，主要包括融资、生产、支出以及积累。

二、分类和方法

1.分类体系

编制教育卫星账户的第一步，是明确教育领域的关键活动和产品，即通过一系列分类来界定教育产品、教育生产者、教育融资者。这些分类将确保教育卫星账户与国民账户中心框架的一致性。

对教育领域而言，主要国际标准包括：ISCED（2011），用来界定教育领域的典型产品，即卫星账户的特征产品；ISIC（Rev.4），用来界定教育的生产单位；COFOG（2011），用来界定政府的教育支出；COPNI（2011），用来界定NPISH的消费支出；CPC（Ver.2.1），用来界定与教育相关的，但不具有典型性的辅助生产活动，即卫星账户的关联产品。

（1）教育产品的划分

卫星账户通常将产品划为特征产品和关联产品。在此基础上，拟将教育产品（Education Products，EP）划分为两个大类，分别为教育服务和相关产品。根据ISCED（2011）对教育的划分，可以将教育服务进一步细分为4个子类别，分别为学前教育和初等教育、中等教育、中等后非高等教育和高等教育以及其他教育。参照CPC（Ver.2.1），可以将用于教育目的，但不属于教育服务范畴的其他产品作为相关产品，如食宿服务、教材等。这里不对相关产品进行细分类的划分。

显然，教育产品具备以下两个特征：一方面，教育的特征产品专指整个教育领域的教育服务，即ISCED范围内的所有正规/非正规教育，也可以将其视为教育领域的核心产品；另一方面，教育的关联产品是指与教育生产相关的辅助产品，通常指未划入ISCED的其他货物和服务，也可以将其视为教育领域的周边产品。

（2）教育生产者和教育融资者的划分

卫星账户通常根据ISIC进行生产者的划分，根据机构部门进行融资者的划分。在此基础上，拟采用两种方式来划分教育生产者（Agents Producing，AP）：一方面，根据部门分类来明确教育生产者的类别，如表3-1所示；另一方面，根据经济主体的主要经济活动来明确教育生产者的类别，如表3-2所示。同时拟根据部门分类来划分教育融资者（Agents Financing，AF），如表3-1所示。

表3-1　　　　　　　　教育生产者和融资者：部门分类

生产单位（AP）	资金来源单位（AF）	部门分类	经济主体
AP1	AF1	一般政府（S13）	公共/非市场
AP1.1	AF1.1	中央政府（S1311）	
AP1.2	AF1.2	省级政府（S1312）	
AP1.3	AF1.3	地方政府（S1313）	
	AF2	住户（S14）	私有/市场
AP2	AF3	其他私有主体	
	AF3.1	金融公司（S12）	
AP2.1	AF3.2	非金融公司（S11）	
AP2.2	AF3.3	NPISH（S15）	私有/非市场
	AF4	国外（S2）	非市场+市场

资料来源：经过作者整理得出；主要参考国际标准SNA（2008）。

表3-2　　　　　　　　教育生产者：主要经济活动

生产单位（AP）	主要经济活动（教育行业）
AP1	教学教育机构
AP1.1	学前教育和初等教育
AP1.2	中等教育
AP1.3	中等后非高等教育和高等教育
AP1.4	其他教育培训
AP2	非教学教育机构

资料来源：经过作者整理得出；主要参考国际标准ISIC（Rev.4）。

根据SNA（2008）的部门分类，可以将教育生产者划分为两大类，分别为一般政府和其他私有生产者。一般政府也被视为公共生产者，包括中央政府、省级政府以及地方政府。其他私有生产者通常包括非金融公司和NPISH。

根据经济主体的主要经济活动，可以将教育生产者划分为两大类，分别为教学教育机构以及非教学教育机构。教学教育机构（Instructional Educational Institutions）是指“以提供教育课程为主要目的而建立的机构，如学校、学院、大学或培训中心。这类机构通常由相关国家教育当局或等同部门认证或批准，也可由如宗教团体、特殊利益集团或私人教育和培训企业这样的营利或非营利的组织来运营”（联合国教科文组织统计研究所，2013）；非教学教育机构（Non-Instructional Educational Institutions）是指向个人或其他教育机构提供与教育相关的服务或用品的教育机构。教学教育机构进一步划分为学前教育和初等教育机构、中等教育机构、中等后教育和高等教育机构以及其他教育培训机构。

根据SNA（2008）的部门分类，可以将教育融资者划分为四大类，分别为一般政府、住户、其他私有主体（如金融/非金融公司和NPISH）以及国外。其中，可以将一般政府视为公共融资方，住户和其他私有主体视为私有融资方，国外视为国际机构和其他国外来源方。

采用部门分类来划分教育生产者和融资者的类别，有利于深入理解教育的生产过程：一方面，教育由非市场生产者，一般政府与NPISH（“AP1+AP2.2”）和市场生产者非金融公司（AP2.1）共同承担生产，也可以视为由公共生产者，即一般政府（AP1）和其他私有主体（AP2）共同承担生产活动；另一方面，教育的资金不仅来源于生产单位，即一般政府（AF1），也来源于并未直接提供教育服务的机构部门，如住户（AF2）、其他私有主体（AF3）和国外（AF4）等。显然，以机构部门来划分教育生产者，有利于区分教育的公共或私有生产者；以主要经济活动来划分教育生产者，有利于深入理解教育生产所涉及的行业构成。

2.估计方法

在编制卫星账户之前，还需要明确两个问题：一是如何衡量教育生产过程中的各项投入和教育产出的实际价值；二是如何衡量目前还没有被纳入国民账户生产范围的人力资本。显然，需要选择适当的方法估算这些内容，为编制教育卫星账户提供方法基础。为此，本章将从以下三个方面阐述教育卫星账户的教育投入、教育产出以及人力资本估算方法：

（1）教育投入的估算方法

从国民账户的视角来看，教育投入是指教育部门为提供产出而投入的各项资源，主要反映为教育生产活动的市场投入。投入通常由劳动力服务、资本服务和中间投入等组成。相应地，教育投入主要包括雇员报酬（如教师以及其他员工的薪酬）、固定资本消耗（如学校建筑物的相关折旧）以及中间消耗等。

不过，从福利测算的角度来看，教育投入不仅包括市场投入，还包括非市场投入，如学生以及家长的时间。相比之下，如何衡量非市场投入一直是个难题。针对学生以及家长花费在教育方面的时间，可以用学生和家长致力于教育活动的时间乘以机会成本（即实际工资或未来预计收入，或修正的机会成本）来衡量，也可以乘以重置价值（即与生产力等同的替代工资）来衡量（Riccardini，2015）。

（2）教育产出的估算方法

目前国际上主要有三种教育产出的估算方法：一是投入成本法。估算非市场产出的一个惯常做法是用提供服务时的劳动与原材料投入之和来衡量其产出价值，即利用生产过程中的投入总价值来反映产出，这种方法也被称为投入成本法（以下简称投入法）。二是产出指标法。近些年来，考虑到投入成本法的明显缺陷，联合国、OECD以及Eurostat开始推荐采用直接物量测度法来进行非市场产出的测算。直接物量测度法（Direct Volume Measurement，DVM）以产出物量指标为基础，同时引入质量变化的调整因素，进而测度非市场产出的物量变化。这种方法也被称为产出指标法（简称产出法）。三是人力资本方法。人力资本方法（Human Capital Approach，HCA）通过引入人力资本的概念，将教育作为一种投资商品，以教育对终身收入的影响来估算教育产出，并通过终身收入这一间接的成果信息来考察教育服务的质量变化。这种方法也被称为成果替代法（以下简称成果法）。

不同类型的教育卫星账户，可能会选取不同的教育产出估算方法。通常，教育卫星账户可以选择投入成本法或产出指标法来进行教育产出的测算；而人力资本方法更适用于扩展后的教育卫星账户。

（3）人力资本的估算方法

针对扩展后的教育卫星账户，可能需要衡量人力资本这一总量。

目前已经有多种方法用来衡量人力资本。总体来说，可以从价值量和实物量两个角度来衡量人力资本。其中，价值量方法包括间接/剩余法（世界银行，2011）、成本法（Kendrick，1976）以及收入法（Jorgenson and Fraumeni，1989；1992）；实物量方法由OECD（2011）提出。不过，考虑到卫星账户的实际需求，目前主要采用价值量方法衡量人力资本，尤其是成本法和收入法。

成本法将由个人、住户、雇主和政府承担的过去的投资流视为人力资本。这种方法类似于传统的投入法，即从投入方的角度来测算人力资本存量，人力资本存量将等于其生产时所发生的所有成本。收入法将个人一生中所产生的人力资本投资的未来收入流视为人力资本。这种方法主要从产出方的角度来测算人力资本存量。也可以将其视为终身收入法。

教育与人力资本之间存在着复杂联系，即教育被视为人力资本投资的重要投入。相应地，成本法将通过计算教育投入（包括市场投入和非市场投入）来衡量人力资本的投资；收入法将通过计算教育的未来收入来衡量人力资本的投资。其中，后者也被视为教育产出的其中一种估算方法，即人力资本方法。

三、核算原则

在设计和实施教育卫星账户时，需要明确设计教育卫星账户的主要原则。作为SNA的补充性账户，教育卫星账户与SNA的中心框架有许多对应的部分，可以考虑以SNA的核算规则为起点进行教育卫星账户的设计。而从以往卫星账户的实际编制经验来看，目前最能经得起检验的选择就是SNA的一般核算规则，即国民经济核算原则。使用国民经济核算原则作为教育卫星账户的设计出发点，有两个有利的基本条件：一是SNA作为国际标准已经在全球范围内被广泛实施，国民经济核算原则也被证实更有利于实施；二是卫星账户自身有许多内容在SNA中都有对应部分，可以考虑采用比较一致的核算原则。因此，本书也将根据国民经济核算原则，进行教育卫星账户的设计与构建。

总体来看，SNA的核算规则可以概括为以下四点：第一，以货币计量单位来记录所有的存量和流量；第二，通常以日历年度、财政年度或季度编制整套国民账户；第三，存量和流量在估价、记录时间、分类和分组等方面应该保持一致；第四，SNA的基本核算框架体现了四式记账（联合国等，2012）。

不过，在实际设计教育卫星账户时，并不一定要完全遵循国民经济核算原则，而是以更为灵活的方式，对应用于教育卫星账户的SNA核算规则予以部分调整，如引入非货币性数据、进行相关分类调整等。

四、核算框架

在教育卫星账户的实际构建之前，首要问题总是涉及核算框架的选取。虽然SNA的一般核算规则是比较清晰的，但在教育卫星账户的编制实践过程中，实际却有几种不同的模型或实践做法可供参考，具体包括以下三种核算框架：

1.SNA结构

SNA是目前进行经济活动测度的国际公认的标准建议。显然，SNA的核算框架包含了反映经济活动的生产、消费、积累以及与收入和财富有关的多套账户，全面刻画了经济活动的各个方面。可以说，SNA具有极大的综合性，可以成为设计教育卫星账户的主要参考做法。因此，可以考虑采用SNA的供给使用表或综合经济账户中的部分账户（如资本账户、收入分配账户）等账户结构进行教育卫星账户的编制实践。

2.国民收入与生产账户（NIPAs）

NIPAs被视为美国当前的官方国民账户。这一账户体系记录了经济体中所有部门的合并生产活动，销售给最终用户的产品和服务总和记录在账户的右边，生产活动中产生的收入记录在账户的左边（Jorgenson et al.，2013）。虽然这一框架并没有涉及非市场生产活动，但也可以将其作为一个有效的参考模型，用来进行教育卫星账户的编制实践。

3.二维交叉分类表

二维交叉分类表是法国教育账户的主要账户结构。这一支出表以交叉分类的方式，分别描述了与教育活动相关的资金来源和资金使用。其中，交叉分类反映了教育支出的分解情况，即按教育等级、教育活动、资金来源等分别划分与资金来源和资金使用有关的教育支出。然而，与上述两种核算框架不同，这一支出表并没有采用复式记账或四式记账法，而是采用了更为详细的分类。因此，也可以通过这种核算框架进行教育卫星账户的编制实践。

显然，不同的核算框架，其适用性可能并不完全一致：SNA是一套综合核算框架，适用于考察经济活动的生产、消费等不同环节；NIPAs作为美国官方核算框架，主要适用于考察经济活动生产的投入和产出；二维交叉分类表以支出为基础，适用于考察教育融资、教育生产、教育消费等不同环节的支出情况。因此，在设计教育卫星账户时，可能需要根据不同的研究目标、研究内容等选择适合的核算框架描述教育活动。

第四节　教育卫星账户的国际经验

鉴于目前我国在教育卫星账户方面的研究比较欠缺，本章将重点考察国外教育卫星账户的编制实践，主要包括法国、希腊、美国、荷兰、挪威、葡萄牙、意大利、澳大利亚等国以及UNECE。[①]

一、设计目标

不同卫星账户的设计初衷可能并不完全一致。SNA引入卫星账户的目的，一类是在国民账户的框架中重点分析经济社会行为的某一领

① 附录A详细列出了各国及区域组织的教育/人力资本卫星账户。

域或方面；另一类是在包含中心账户中明确或隐含内容的基础上，增加一些补充内容或替代性概念和表述（联合国等，2012）。显然，设计目标的差异可能会导致各国或区域组织编制不同类型的卫星账户。

总体来看，大部分国家或区域组织将“描述与教育相关的全部经济流量”作为主要目标，通过构建一个专门的框架来修订与教育相关的分类体系，测算一些附加的总量（如教育增加值、教育支出等），如法国、希腊、美国、葡萄牙、意大利以及UNECE。不过，也有部分国家或区域组织编制卫星账户的主要目的是“衡量人力资本信息”，即通过建立一个框架，将国民账户中的教育与培训信息包含在内，同时增加人力资本的相关表述，从而测算替代性的总量（如人力资本的投资），如荷兰、挪威、澳大利亚。

法国拥有较为完善的教育系统，但也存在着诸如不同来源数据是否存在一致性、某些定义的不准确以及缺乏综合数据等问题。而制定教育账户的目的是：在一个通用核算框架内组织和分配教育领域内的资金流量，使这些信息得以用于教育领域的经济分析以及进行教育活动生产成本和融资方法研究。显然，法国强调通过卫星账户整合现有系统下的教育数据，包括教育生产单位和资金来源单位。

为了评估高等教育机构对区域经济发展的影响，希腊尝试编制了教育卫星账户。这一卫星账户致力于分析教育部门及其对国民经济的影响、促进相关的政策制定和执行。显然，希腊强调从“增加值”的角度编制生产账户，以此考察教育对国民经济的贡献。

目前的NIPAs并不能涵盖教育领域的所有关键信息，因此美国希望通过设置教育卫星账户，考察教育投入和产出的非市场方面，提高教育的投入和产出测度，以及更好地理解教育部门的生产率和产出趋势。此外，考虑到教育是人力资本的重要生产因素，教育卫星账户也有利于深入分析资本存量和投资（扩展至包括人力和非人力资本）对经济增长的影响。显然，美国强调编制完整的教育生产账户，即将教育的非市场/市场的投入和产出全部纳入教育账户，进而测算人力资本对经济增长的影响。

葡萄牙编制教育卫星账户的目标是：为教育部门的分析、决策及政策制定提供重要分析工具，同时满足UOE教育支出调查问卷工作的需求，最终为国民账户提供更高质量的教育数据。显然，葡萄牙希望通过卫星账户获取完整的教育数据，进行教育部门的经济分析以及开展生产力和产出测算研究等。

意大利编制教育卫星账户的主要目标是：为教育部门提供重要的分析工具、为国民账户提供更高质量的教育数据、理解教育部门的生产力和产出趋势以及进一步衡量人力资本对经济增长的影响。显然，除了获取完整的教育数据以及进行教育领域的经济分析外，意大利还强调基于教育卫星账户来构建人力资本账户。

UNECE编制教育和培训卫星账户的目的是：一方面，详细阐述教育和培训的不同支出；另一方面，详细阐述与这些支出相关的融资。当然，制定这一卫星账户的初衷是进行人力资本测算，即通过建立教育与人力资本之间的联系，为人力资本测度提供基础。

荷兰编制人力资本卫星账户的目的是在一套表格中描述和分析作为人力资本的教育、培训和课程在国民经济中的重要作用，挪威编制卫星账户的目的是在一个框架中同时反映估算人力资本的收入法或成本法。显然，荷兰和挪威都强调通过卫星账户来衡量人力资本的生产，包括人力资本投资的投入与产出。

澳大利亚编制人力资本账户的主要目标是估算人力资本流量以及将这些流量与对应的存量变化联系在一起。显然，澳大利亚强调通过卫星账户来衡量人力资本的存量与流量，包括折旧、重估值等。

综上分析，可以将各国或区域组织教育卫星账户的设计目标概括为两点：一方面，深入分析教育领域，进而在国民账户中描述和测算教育（业）；另一方面，使用替代性概念，以卫星账户的形式开发人力资本记录的替代方法。

二、研究视角

当前各国或区域组织主要关注教育服务的生产、消费和资金来源，以及人力资本概念的引入。具体来看，各国或区域组织主要从以下三个视角进行卫星账户的框架设计：

1.供给角度

从供给角度出发，部分国家或区域组织通过构建卫星账户，反映教育或人力资本的生产或融资情况，如法国、意大利、美国、UNECE。其中，法国教育账户从生产者和融资者的角度分别考察教育领域的经济流量，生产者角度的账户侧重阐述教育生产者的融资来源和支出，融资者角度的账户侧重阐述教育融资者的支出构成；意大利和UNECE教育卫星账户同时从生产者和融资者角度考察与教育相关经济流量的来源和使用，侧重阐述与教育生产活动相关的融资来源（或收入）和产出使用（或成本），全面刻画教育收入的分配过程（尤其是政府在教育收入分配中的重要作用）；美国同时从生产活动的投入方（或收入方）和产出方（或生产方）角度考察正规教育部门的教育活动，全面刻画教育生产过程中的投入和产出。

2.产品角度

从产品角度出发，大部分国家或区域组织通过构建卫星账户，反映教育或人力资本的产品供应和使用情况，如希腊、葡萄牙、意大利、荷兰、挪威、UNECE。其中，希腊从教育产品角度出发，考察与产品供应相关的经济流量，展示教育产品的总供应及其产出增加值；意大利和葡萄牙从教育产品角度出发，同时考察与产品供应和使用相关的经济流量，展示教育产品的总供应和总使用；荷兰和挪威从人力资本产品角度出发，同时考察与产品供应和使用相关的经济流量，展示人力资本产品的总供应和总使用；UNECE从教育产品角度出发，通过细化教育产品类目，简化其他部门的产品生产或使用过程，展示教育服务的总供应和总使用。

3.其他角度

此外，也有国家或区域组织考虑从其他角度构建卫星账户。希腊从消费角度出发，侧重描述参与教育过程的经济主体的总支出、人均支出在不同行业下的分配情况，反映教育的消费过程。澳大利亚从资本角度出发，侧重描述人力资本存量的期初期末变化，反映人力资本的积累过程。

综上分析，大部分国家或区域组织集中于从单一的供给或产品层面考察教育或人力资本，只有意大利、希腊以及UNECE同时考虑从不同角度进行卫星账户的设计。此外，也有少数国家或区域组织考虑从其他角度（如资本、消费）构建卫星账户。

三、分类体系

构建卫星账户，首要任务是明确关键活动及关键产品，即对生产单位、产品以及资金来源等的划分，也会涉及其他分类内容。总体来看，除了美国、澳大利亚两国外，大部分国家以及UNECE都建立了一系列分类体系，主要包括生产者分类、融资者分类以及产品分类，如表3-3所示。

表3-3　**各国[①]或区域组织生产者、融资者及产品的划分**

国家或区域组织	生产者分类		融资者分类	产品分类	
	部门分类	产业分类	部门分类	主产品分类	
	公共/私有 市场/非市场	经济活动	公共/私有 市场/非市场	特征/关联 产品	关键/其他 产品
法国	√	—	√	—	—
希腊	—	√	—	√	—
葡萄牙	—	√	√	√	—
意大利	√	√	√	√	—
荷兰	—	√	√	—	√
挪威	√	√	—	—	√
美国	—	—	—	—	—
澳大利亚	—	—	—	—	—
UNECE	√	—	√	—	√

"—"表示不适用。

资料来源：作者对各国或区域组织分类体系整理得出。

1.经济主体的划分

经济主体通常涉及生产者和融资者，可以根据部门分类或产业分类来界定生产者，根据部门分类来界定融资者。目前大部分国家或区域组织建立了生产者和融资者分类，如法国、葡萄牙、意大利、希腊、荷兰、挪威以及UNECE。此外，希腊还提出了消费者分类。

法国教育账户将经济主体划为生产单位（或生产者）和资金来源单位（或融资者）。基于法国国民账户的生产单位分类和机构部门划分，这一账户将生产者划分为公共教育机构、私有资助机构、私有非资助机构以及行政服务和公共机构，将融资者划分为中央政府、地方政府、其

① 本书中的各国指组织、设计、编制教育卫星账户的主要国家。

他公共机构、企业、住户、世界其他地区以及其他私有融资者。此外，融资者可以被进一步细分为初始融资者和最终融资者，两者的区别在于前者承担融资成本，后者向生产者直接提供支出或给予补偿。

葡萄牙教育卫星账户构建了教育生产者分类（EP）和教育融资者分类（EF）。基于欧洲经济活动分类（Statistical Classification of Economic Activities in the European Community，NACE Rev.2）和SNA的机构部门划分，这一账户将生产者划为教育机构、未划等级职业学校、辅助生产者、辅助服务机构、R&D生产者以及教育行政机构，将融资者划为一般政府、公营准公司、私有企业、住户以及NPISH。其中，一般政府和公营准公司属于公共融资者，其余三者属于私有融资者。

意大利教育卫星账户涉及两类经济主体，即生产单位（AP）和资金来源单位（AF）。根据NACE的主要经济活动划分，可以将生产者划为学前和初等教育、中等教育以及中等后和高等教育；也可以根据SNA的机构部门划分，将生产者划分为一般政府和私有生产者。基于SNA的机构部门划分，可以将融资者划分为一般政府、私有融资者以及世界其他地区。

希腊教育卫星账户将参与教育过程的经济主体细分为TEI、工作人员及学生。其中，TEI是教育服务的生产者，可以根据产业分类将其划为15个部门，分别为教育、会议、房地产—住房、水电通信及污水处理、餐馆、施工工程、机械设备、食品饮料、运输服装—鞋类—皮革、娱乐—俱乐部、书籍和纸制品和出版/印刷服务、维修保养服务、其他货物和服务、批发和零售贸易服务。工作人员和学生是消费者。

荷兰人力资本卫星账户进行了生产者和融资者的划分。基于产业分类，这一账户将生产者划分为商品、贸易及运输、金融及商务服务、社会及个人服务、雇员、学生以及未就业；基于机构部门划分，这一账户将融资者划分为政府、企业以及住户。

挪威人力资本卫星账户进行生产者的划分。基于产业分类，这一账户将生产者划分为教育生产者、接受教育的个人以及其他产业生产者。基于部门分类，这一账户又将教育生产者划分为市场生产者、政府以及NPISH。

UNECE分别划分教育生产者和教育融资者。基于机构部门，将生产者划分为一般政府、NPISH和公司（金融/非金融）以及世界其他地区，将融资者划分为中央政府、地方政府、金融/非金融公司、NPISH、住户以及世界其他地区。

2.产品的划分

产品通常指教育产品。基于主产品分类（CPC），可以将教育产品界定为教育特征产品和教育关联产品，或关键产品和其他产品。若考虑教育与人力资本之间的密切联系，产品的范畴将扩展至包括人力资本投资产品。目前大部分国家或区域组织建立了教育产品或人力资本产品分类（法国、美国、澳大利亚除外）。

葡萄牙教育卫星账户构建了教育产品分类（EC）。基于欧洲产品统计分类（Statistical Classification of Products by Activity，CPA），这一账户将教育产品划为基础教育、中等教育、中等后教育、高等教育、未划等级的教育、R&D、辅助产品、辅助服务以及教育管理。

意大利教育卫星账户进行了教育产品的划分。基于ISCED和CPA，这一账户将教育产品（EP）划为四个组别，分别是“ep1：学前教育和初等教育”“ep2：中等教育”“ep3：中等后教育和高等教育”以及“ep4：其他产品”。其中，ep1-ep3指教育特征产品，ep4指教育关联产品。

希腊教育卫星账户进行教育产品（典型产品或特征产品）的划分。这一账户将教育产品划为Epirus TEI教育服务，房租—住房贷款分期偿还、利息，电力、通信、供水和污水，书籍，出版服务，会议，餐饮，建筑工程，机械设备，维修和保养服务，批发零售和运输加价。

荷兰人力资本卫星账户将产品划为劳动供给服务、教育、培训和课程以及其他产品。根据技术水平的高低，这一账户将劳动供给服务进行技术分层，即劳动供给服务被划为低等技术、中等技术以及高等技术；将教育划为学前教育、中等教育和高等教育；将培训和课程划为内部和外部培训课程。

挪威人力资本卫星账户将产品划为教育、人力资本投资以及其他产品。其中，教育产品被划为学前教育、初等教育、中等教育、高等教育以及培训课程；人力资本投资被划为学前教育、初等教育、中等教育、高等教育以及培训课程的人力资本投资。

UNECE（2016）将教育部门的产品划分三大类，分别为教育、行政服务以及其他服务。根据ISCED（2011），可以将教育产品进一步细分为5组，分别是EP1：ISCED0-1（学前/初等教育）、EP2：ISCED2-3（中等教育）、EP3：ISCED4-8（高等教育）、EP4：不属于ISCED的教育以及EP5：辅助支出。其中，EP4包括授予学位的职业培训课程（经过多年教学之后）、教育辅助服务、公司部门开设的培训课程、成人教育课程、为残疾或失业人员提供的娱乐服务和职业康复服务、业余时间的私人语言课程费用等。EP5指运输课本、其他书籍以及设备（计算机）的支出。

3.其他分类

生产者、融资者和产品构成卫星账户的基本构成要素。此外，法国也进行其他内容的划分。法国教育账户基于教育等级进行的教育领域细分，通常根据ISCED将教育等级划为初等教育、中等教育、高等教育以及校外教育；活动构成了教育领域的基本概念，即教育领域由一系列特征活动以及相关货物和服务组成。活动通常被划为教学活动、辅助服务、系统组织以及相关货物和服务。教学活动、辅助服务和系统组织也指特征活动，或生产者活动；基于支出分类，可以将经济交易（针对生产部门）划为员工薪酬、生产费用及投资。此外，初始融资者和最终融资者之间的活动被界定为“转移”，通常划为奖学金和住户转移、其他转移以及收付转移。

综上分析，各国或区域组织在设计卫星账户时，主要构建生产者分类、融资者分类以及产品分类。通常以主要经济活动或机构部门来界定生产者，以机构部门来界定融资者，以主产品来界定产品。此外，也有国家对教育等级、活动和交易等内容进行了划分。

四、方法基础

与SNA的核心框架相比，卫星账户可能采取一致的方式来衡量总量指标，也可能采取其他替代方法。总体来看，各国或区域组织的卫星账户可能涉及两个总量指标，分别为总量估计值和教育产出。

1.总量估计值的测算

SNA通常使用“增加值”“收入”等总量来反映经济总体中某类活动的综合价值。测算增加值的方法主要有三种，分别为生产法、支出法和收入法。其中，生产法测算的总量是用所在行业的总产出减中间投入加产品税减补贴；支出法测算的总量是指所在行业的产品和服务的最终使用之和（包括最终消费支出、资本形成总额、出口）减进口等；收入法测算的总量是生产过程中所发生的各种成本与获得的各项收入之和，包括雇员报酬、营业盈余总额、混合收入总额、生产和进口税减生产和进口补贴。

对教育/人力资本账户而言，可以利用“增加值”来衡量经济中的教育规模（或人力资本）。不同的方法，其总量产出的构成细目可能并不完全一致。从账户的构成细目看，通常从生产方的角度测算总量估计值的有希腊、美国、荷兰、挪威、意大利、葡萄牙等国和

UNECE；通常从支出方的角度测算总量估计值的有法国、希腊、葡萄牙、意大利等国和UNECE；通常从收入方的角度来测算总量估计值的有美国、挪威、荷兰。此外，澳大利亚以人力资本的净值为总量，通过期初/期末的人力资本存量净值变化来直接反映核算期内的人力资本。

显然，大部分国家或区域组织重点分析教育或人力资本的生产过程，即通过增加值反映教育/人力资本的生产所创造的价值。但澳大利亚更为关注人力资本的存量和流量变化等。

2.教育产出的估算

针对教育服务的生产，SNA通常采用生产成本来衡量其产出，即向住户部门免费提供的教育产出的价值可以按以下生产成本之和核算：中间消耗、雇员报酬、固定资本消耗以及其他生产税减生产补贴。这种方法也被称为“投入法”。从产出的测度来看，大多数国家或区域组织采用投入法来衡量教育部门的产出，如法国、希腊、葡萄牙、意大利以及UNECE。

引入人力资本的概念之后，可以将教育部门的产出视为人力资本的投资。从人力资本核算理论出发，可以通过成本法或收入法来衡量人力资本。成本法是以人力资本的过去投资来衡量人力资本，收入法是以人力资本的未来收入流量来衡量人力资本。目前，美国、荷兰、意大利和澳大利亚都通过收入法来衡量人力资本，挪威同时选择成本法或收入法来衡量人力资本。

综上分析，各国或区域组织在设计卫星账户时，并没有采用完全一致的方法衡量总量。各国或区域组织通常从生产、收入或支出等不同角度进行总量估计值的测算，采用投入法进行教育产出的测算。此外，部分国家或区域组织通过成本法或收入法进行人力资本投资的测算。

五、账户结构

卫星账户通常借助于供给使用表框架，进行关键产品和关键产业账户的分析（联合国等，2012）；或只显示与关键活动最相关的账户和交易，如生产账户和收入分配账户以及资本账户的主要交易。在使用替代概念时，卫星账户还会引入可能形成的局部补充性总量。

大部分国家或区域组织按照集中于关键部门，同时合并所有其他产品和产业的模式编制一套供应使用表（联合国等，2012）（如表 3-4、表 3-5 所示），如葡萄牙、意大利、荷兰、挪威以及 UNECE。通过编制教育或人力资本的供给使用表，描述教育或人力资本产品的供应和使用过程。其中，行向量上详细显示关键产业（教育或人力资本相关产业），以及合并其他产业；列向量上详细显示关键产品（教育产品或人力资本投资），以及合并其他产品；也可以扩展到包括收入形成账户以及就业等非货币性数据和产出指标（联合国等，2012）。

表 3-4　　　　**卫星账户：供给表**

	分产业的产出	其他生产者	合计	进口	总供给：基本价格	产品税减补贴	贸易和运输加价	总供给：购买者价格
	关键产业							
	1，2，…，N							
关键产品								
1 2 ⋮ N								
合计								
其他产品								
总产出								

资料来源：EUROSTAT. European system of accounts：ESA 2010［M］. Luxembourg：Publications Office of the European Union，2013.

表 3-5　　　　　　　　**卫星账户：使用表**

	分产业的生产成本	其他生产者	合计	出口	最终消费				合计	资本形成总额	总使用：购买者价格
	关键产业				住户		政府	NPISH			
	1，2，…，N				集体	个人					
特征产品											
1 2 ⋮ N											
合计											
其他产品											
总使用											
雇员报酬 其他产品税净额 固定资本消耗 营业盈余净额											
总计											
补充信息 劳动力投入 固定资本形成总额 固定资本存量净额											

资料来源：EUROSTAT. European system of accounts：ESA 2010［M］. Luxembourg：Publications Office of the European Union，2013.

部分国家或区域组织通过识别与关键活动最相关的流量和存量，编制生产账户、收入分配账户以及资本账户等，如意大利、希腊、澳大利亚以及UNECE。借助于SNA收入再分配账户，意大利和UNECE都构建了按照融资者和生产者类型划分的来源和使用表，用以描述与教育相关经济流量的来源和使用。其中来源方主要记录融资者的支出组成，包括经常转移、资本转移及其他收入等。使用方主要记录产出构成和使用（或教育成本），以区分市场/非市场产出以及其他使用项目等。此外，意大利教育来源和使用表还通过加入一个平衡项确保这一账户的平衡；借助于SNA生产账户，希腊构建按产业类型划分的教育生产账户表，用以描述教育的总供应和产出增加值；借助于SNA的资本账户，澳大利亚构建人力资本积累账户，用以描述人力资本存量净值从期初到期末的变化，并按照对应的构成项目予以分解。其中，人力资本存量变化包括三方面，分别为质量变化（教育和在职投资净值）、数量变化（转为劳动年龄人口）以及价格影响（重估值）。

此外，也有国家或区域组织通过其他的账户形式描述教育领域的来源和支出、投入和产出以及消费支出等，如法国、希腊、美国。借助于“二维交叉”分类表（如表3-6所示），法国构建了一套综合支出表，详细阐述教育领域的来源和支出数据。通过交叉分类的方式，这一账户达到对国内教育支出（DEE）总量的分解；希腊通过交叉分类的方式，将参与教育过程经济主体的消费支出划分到不同的行业之中；借助于NIPAs（如表3-7所示），美国构建了教育生产账户，显示教育生产过程的总投入和总产出。

表3-6　　**卫星账户：二维交叉分类支出表**

活动 等级	最终融资		最终融资总计	向融资者转移	初始融资总计
	生产者活动	相关货物和服务			
初等教育					
中等教育					
高等教育					
校外教育					
总计					

资料来源：作者根据相关资料整理所得。

表3-7　　　　　　　　**卫星账户：NIPAs生产账户**

投入（收入方）	产出（生产方）
市场性投入：付酬劳动力、材料、固定资本等	非市场性产出：受教育个人
非市场性投入：志愿劳动力、父母或学生的时间、社会资本等	其他（无形资产）

资料来源：NATIONAL RESEARCH COUNCIL.Beyond the market：designing nonmarket accounts for the United States［M］. Washington，DC：The National Academies Press，2005.

综上分析，目前各国或区域组织主要采用三种账户模型构建卫星账户：一是SNA。大部分国家或区域组织采用供给使用表构建卫星账户，也有国家或区域组织采用收入分配账户、生产账户、资本账户等构建卫星账户。二是NIPAs。目前美国主要采用复式结构构建卫星账户。三是“二维交叉”分类表。与其他国家或区域组织不同，目前法国构建“二维交叉”分类支出表，作为卫星账户的核算框架。希腊也采用了类似结构。

第五节　国家或区域组织编制实践的系统比较

一、基于“概念性框架”的比较分析

从各国或区域组织教育卫星账户的编制实践看，目前国际上还没有建立一个官方的概念框架。主要原因是：一个国家或区域组织所编制的卫星账户可能无法应用于其他国家或区域组织，因各国或区域组织卫星账户的设计目标、研究视角、分类体系、方法基础和账户结构等方面可能存在差别。结合全口径教育卫星账户“概念性框架”，表3-8对各国（或区域组织）教育卫星账户的编制经验进行了对比分析。

表3-8　各国或区域组织教育/人力资本卫星账户的比较

国家（或区域组织）	类型	设计目标	研究视角	分类体系	方法基础		账户结构
					总量	产出	
法国	内部	在一致的核算框架内组织和分配教育领域内的资金流量	供给	生产者/融资者/其他	支出法	投入法	二维交叉分类表
希腊	内部	评估高等教育机构对区域经济发展的影响	产品/其他	生产者/产品	生产法/支出法	投入法	生产账户/支出表
美国	混合	考察教育投入和产出的非市场方面；理解教育部门生产率和产出趋势；深入分析资本存量和投资对经济增长的影响	供给	无	生产法/收入法	收入法	NIPAs
挪威	外部	在一个框架中同时反映估算人力资本的收入法或成本法	产品	生产者/产品	生产法/收入法	成本法/收入法	供给使用表
荷兰	外部	在一套表格中描述和分析作为人力资本的教育、培训和课程在国民经济中的重要作用	产品	生产者/产品	生产法/收入法	收入法	供给使用表
葡萄牙	内部	为教育部门的分析、决策及政策制定提供重要分析工具；满足UOE教育支出调查问卷工作需求	产品	生产者/融资者/产品	生产法/支出法	投入法	供给使用表
意大利	混合	为教育部门提供分析工具；为国民账户提供高质量数据；理解教育部门生产力和产出趋势；衡量人力资本对经济增长的影响	供给/产品	生产者/融资者/产品	生产法/支出法	投入法/收入法	供给使用表/收入分配表
澳大利亚	外部	估算人力资本流量及将这些流量与对应存量变化联系在一起	其他	无	存量	收入法	资本账户
UNECE	内部	详细阐述教育和培训的不同支出以及与这些支出相关的融资	供给/产品	生产者/融资者/产品	生产法/支出法	投入法	供给使用表/收入分配表

资料来源：作者根据对各国家或区域组织教育卫星账户的编制经验整理得出。

对比分析各国或区域组织教育/人力资本卫星账户，可以发现：

首先，按照SNA对卫星账户的划分，可以将目前各国或区域组织教育/人力资本卫星账户划归为内部卫星账户、外部卫星账户以及混合型卫星账户。

一是内部卫星账户（或基础卫星账户），如法国、希腊、葡萄牙、意大利、UNECE。这类卫星账户是从教育角度设立的卫星账户，主要目标是系统分析教育领域相关信息，通常采用供给使用表的账户形式显示相关信息，也可针对其关键活动（如生产、收入分配及资金流动等）构建局部性账户，如支出表、生产账户、收入再分配账户等。值得注意的是，意大利提出编制两种卫星账户，分别为教育卫星账户和人力资本账户。不过，意大利还没有实际构建人力资本账户的框架，而只提出编制思路。

二是外部卫星账户（或复杂卫星账户），如荷兰、挪威、澳大利亚。这类卫星账户是从人力资本角度设立的卫星账户，主要目标是衡量人力资本，通常采用供给使用表或资本账户形式显示相关信息。与第一种卫星账户相比，可能会增加人力资本的新的产业类别，扩展原有教育账户的产品范围，以及改变教育的记录方式等。

此外，也有部分卫星账户同时具备上述两种账户的特点，可以将其视为混合型卫星账户，如意大利、美国。这类卫星账户仍从教育的角度设立卫星账户，但改变了原有教育活动的产出范围，将其扩展为人力资本的投资。由于使用了替代性的概念，可能需要在原有账户的基础上增加项目（如考虑市场性投入和市场性产出）来实现对教育活动的评估，即通过复式账户来分别考察教育过程的投入和产出。

其次，各国或区域组织教育/人力资本卫星账户在分类标准、估算方法及数据获取等方面存在分歧。

从分类体系来看，各国或区域组织对生产者、融资者以及产品的划分并不完全一致，主要分歧在于划分依据的不同。通常根据机构部门或产业类别来划分生产者，根据机构部门来划分融资者，从特征/关联产品或关键/其他产品的角度来区分产品。分类标准不同，可能带来不同类型的生产者、融资者或产品，也会影响消费、支出以及资金来源等信息。

从产出估算方法来看，目前各国或区域组织采用不同的估算方法，如投入法、成本法、收入法等。方法分歧主要源于产出概念的差异。投入法的出发点是将生产过程的投入视为产出，通常用于衡量教育服务的生产。成本法或收入法主要用于衡量人力资本，前者是以计算过去投资（即成本）为主，后者是以计算未来投资（即未来收入流）为主。实际上，投入法和成本法都是将投入视为产出，收入法是将经济活动的结果（或成果）视为产出。

从实际数据的获取来看，各国或区域组织卫星账户所要求的教育数据也不尽相同，有的国家只需要收集货币性数据，部分国家或区域组织需要同时收集货币性数据和非货币性数据。显然，分类标准、估算方法以及数据获取等方面的分歧可能导致各国或区域组织教育统计数据的差异，也会影响卫星账户的国际比较。

最后，各国或区域组织教育/人力资本卫星账户各有侧重、各有优势，也各有欠缺。

各国或区域组织教育/人力资本卫星账户的研究视角存在差别，这反映了各国或区域组织卫星账户的研究侧重点不同：大部分国家或区域组织侧重于考察教育或人力资本的生产活动或产品的供应与使用过程，集中于从供给或产品视角进行分析；少数国家或区域组织试图考察教育的消费活动或人力资本的积累过程，尝试从需求或资本视角进行分析。

通过考察各国或区域组织教育/人力资本卫星账户，可以将其卫星账户的优势归纳如下：法国教育账户有利于对教育领域的主要总量进行细分，观测教育领域各个部分之间的密切联系；葡萄牙教育卫星账户扩展了教育的范围，将生产性单位对其员工进行职业培训的支出记为本单位产出，同时将全部R&D纳入教育范畴；希腊教育卫星账户的一个明显特点是对教育进行详细的产业划分，用以显示教育领域的消费特点与产业结构；意大利教育卫星账户不仅刻画了教育收入的分配过程（尤其是政府在教育收入分配中的重要作用），还区分了教育服务的市场性产出和非市场性产出；美国教育卫星账户详细描述了教育生产的投入和产出，反映了教育成本和教育回报；荷兰人力资本卫星账户给出了“人力资本投资”更广泛的概念，通过对劳动供给的技术分层反映了人力资本投资的付费方以及作为人力资本的教育、培训等经济活动在国民经济中的运行情况，还尝试区分了用于最终消费/中间消耗的教育以及用于生产性目标的教育；挪威人力资本卫星账户详细描述了人力资本的供给和使用，可以考虑将其应用于其他领域（如卫生）；澳大利亚人力资本卫星账户从“资本”属性出发，详细描述了人力资本的存量和流量信息，包括人力资本的形成、折旧与重估值；UNECE扩展原有教育部门的范围，对教育产品的划分更加细致，这一卫星账户也将有助于测算人力资本。

不过，各国或区域组织教育/人力资本卫星账户也存在不足之处：法国教育账户无法提供像学生人数等非货币性数据；葡萄牙教育卫星账户没有将除R&D之外的固定资本形成总额和出口等内容纳入使用表的构成细目；希腊教育卫星账户在教育范围与产业划分上存在局限性，因其仅仅考虑希腊Preveza地区的高等教育，以及只能反映Preveza地区各部门的消费特点；意大利教育卫星账户缺乏对中间消耗的细分，也没有以具体的账户形式来反映人力资本账户；美国教育卫星账户并没有将教育的资金流量包括在内，无法衡量教育在一段时期内的真实价值变化；与传统的供给使用表相比，荷兰人力资本卫星账户新增三个生产部门（分别为雇员、学生、未就业），如何在现有国民账户下对这三个新的产业部门进行界定，需要进一步探讨；针对人力资本生产新增部门（即接受教育的个人），挪威应当考虑将其进一步细化为接受教育的学生和接受培训课程的雇员两个部门；澳大利亚人力资本卫星账户并没有将所有的教育投资都纳入人力资本的范围，而仅仅估算了中等后教育投资形成的人力资本；UNECE目前没有考虑对教育生产者进行产业划分。

二、现有研究局限

当前世界各国或区域组织卫星账户存在明显差异，因此亟须建立一个官方卫星账户框架。结合全口径教育卫星账户的“概念性框架”，本章提出目前各国或区域组织教育卫星账户的编制方法在以下几方面有待改善：

第一，当前大部分国家或区域组织编制的卫星账户侧重于从供给或产品等单一层面进行教育活动或人力资本的考察，缺乏从更全面的视角进行卫星账户的编制，因此需要扩展卫星账户的研究角度和研究层面；

第二，当前大部分国家或区域组织编制的卫星账户侧重于理论框架的构建分析，缺乏对实践应用方面的分析，因此需要进一步探讨教育卫星账户的实际应用，如卫星账户的数据汇编、实际应用领域分析等内容；

第三，当前对中国教育卫星账户的理论和实践探讨较少，尤其是中国还没有建立官方教育卫星账户的核算框架，因此需要进一步探讨中国教育卫星账户的编制方法和实践应用。

显然，目前研究中的主要问题也将成为本书重点探讨的研究内容，即如何构建和编制教育卫星账户。基于全口径教育卫星账户的“概念性框架”以及各国或区域组织卫星账户的编制经验，拟议的教育卫星账户框架应当充分考虑不同类型卫星账户的研究视角，在生产者、融资者以及产品特点、账户结构以及总量指标计算方法等方面的差距和矛盾，整合它们的共性，从而达到对教育领域不同阶段教育活动的全面描述。

第六节　总结

从基础理论与实践经验入手，本章重点阐述现有教育卫星账户的理论与实践。

对教育卫星账户的定位为：作为SNA的附属账户或补充账户，反映教育功能属性或对SNA中心框架的补充。基于对教育卫星账户历史发展的详细梳理发现：到目前为止，实际或拟尝试编制教育卫星账户的国家或区域组织并不多，且大部分国家或区域组织只提供了教育卫星账户的理论框架。通过对构成要素、方法和分类、核算原则、核算框架等内容的分析，侧重考察教育卫星账户的编制方法，为全口径教育卫星账户的框架构建提供基础的理论方法。通过对设计目标、研究视角、分类体系、方法基础以及账户结构等内容的分析，侧重考察教育卫星账户的国际经验，为全口径教育卫星账户的编制设计提供重要的实践参考。在此基础上，结合全口径教育卫星账户的“概念性框架”，对各国或区域组织教育卫星账户的编制经验进行比较分析，指出本书重点研究内容，即构建和编制全口径教育卫星账户。

在已有研究的基础上，本书拟将全口径教育卫星账户框架构建和编制设计作为研究重点，对全口径教育卫星账户的编制理论和技术问题进行全方位、系统的分析与考察。

第四章

全口径教育卫星账户概念框架的构建

编制全口径教育卫星账户的首要任务是构建总体框架。从框架构建入手，本章将从以下几方面重点阐述全口径教育卫星账户的编制理论：一是概述其账户内涵和功能定位；二是阐述其核算机理、核算范围、概念要素以及框架基础等核算基础；三是重点构建全口径教育卫星账户的概念性框架，包括其核心账户和延伸内容。这些研究将为全口径教育卫星账户的编制提供核心框架。

第一节　全口径教育卫星账户内涵界定

一、内涵界定

从全口径教育核算理念出发，结合教育卫星账户内涵，对“全口径教育卫星账户”的界定如下：

全口径教育卫星账户是全口径视角下教育经济运行过程及其结果的一种账户表现形式，是对全口径教育核算的全面阐释。这一账户从供给、需求和产品等不同角度出发，对教育活动主体中不同账户之间的交易流量进行记录：基于不同的交易类型，将与教育相关的全部经济流量划到不同的部门（教育生产者、融资者和消费者）和不同的产品（教育特征产品和关联产品）之中，进而全面刻画教育领域内的融资、生产、消费和使用等过程。

二、功能定位

对教育领域来说，国民账户中的教育部门以提供非市场教育服务为主，并以投入成本法进行产出的计量处理。显然，现有做法对分析教育领域经济活动存在着一定局限性。构建全口径教育卫星账户，将实现以下目标：

第一，更全面地展现教育领域经济活动详情。卫星账户将不仅描述教育部门提供教育服务的主要经济活动，也将描述与提供教育服务相关的次要活动或辅助活动等。

第二，更详细地阐述教育领域教育融资详情。卫星账户将详细展现教育领域内的资金分配，即教育领域内的一切支出及其使用分配情况。

第三，为衡量教育部门的产出和生产绩效提供数据基础。卫星账户详细展现了教育部门的投入和产出等信息，有助于进一步衡量教育部门的产出和生产绩效等。

基于上述目标，全口径教育卫星账户作为一种账户表现形式，其基本功能是以账户形式描述“教育功能”相关经济流量，其本质功能是通过账户内容来分析教育的“经济功能”相关经济活动。

第二节　全口径教育卫星账户核算基础

一、核算机理

1.国民经济核算原理

SNA以经济学原理为基础，通过一套严格的核算原则进行经济活动的测度。国民经济核算，其背后的内在机理为一般均衡理论，即SNA要确保全社会的总供给和总需求保持总量平衡和结构平衡。卫星账户作为SNA的附属账户，是反映其与SNA核心账户体系之间的一种纽带，因此也将满足SNA核算模式中隐含的均衡关系。

2.全口径教育核算理论

全口径教育核算强调从全口径的视角，即从供给、需求以及产品三个不同角度进行教育活动的全面考察。全口径教育核算理论将教育体系视为一个整体，是一般均衡理论在教育领域的具体实践。全口径教育核算重点研究教育的供给、需求以及产品之间的均衡关系，即全口径教育核算将满足全口径教育收入、全口径教育支出以及教育总供给（或总需求）三者之间的平衡关系。

显然，全口径教育卫星账户将遵循国民经济核算中的内在均衡关系，也将遵循全口径教育核算的基本平衡关系。因此，全口径教育卫星账户的核算机理体现为：以国民经济核算原理以及全口径教育核算理论为基础，构建一个专门针对教育领域的账户体系。这一账户将使各国家或区域组织遵循一致的定义、分类和核算原则等，即以全口径教育卫星账户的核算框架为基础，进行各国家或区域组织教育卫星账户的实际编制。

二、核算范围

全口径教育卫星账户理论构建的首要问题是，如何划定教育活动的边界。哪些活动属于全口径教育卫星账户的核算范围，主要取决于全口径教育卫星账户的核算目标。

总体来看，设计教育账户的目标可以归纳为以下两点：一是满足国民账户需求，即反映教育产出的变动；二是满足福利测算与政策分析需求，即反映教育福利的变动。

图4-1描述了不同范围下教育服务的生产过程。可以看出，在SNA中心框架的生产范围下，人们重点关注经济单位提供教育服务这一主要活动，而教育活动的最终产品对应于教育服务本身（即教育产出）；在福利测算的生产范围下，人们将关注教育领域内的所有教育活动，教育活动的最终产品对应于教育服务的用途（即教育成果）。

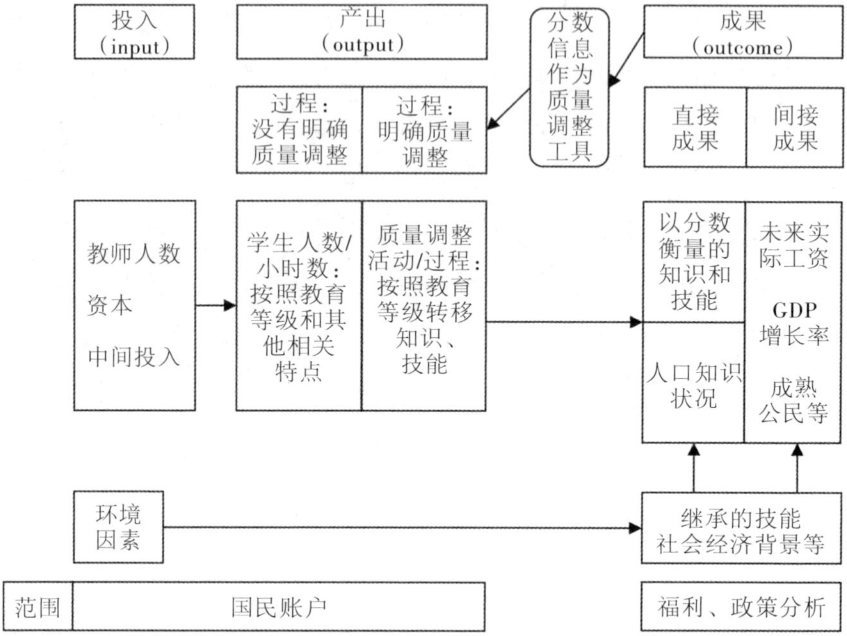

图 4-1　教育服务的投入、产出和成果

资料来源：SCHREYER P.Towards measuring the volume output of education and health services：a handbook [M]. Paris：OECD Publishing，2010.

显然，不同的核算目标，将带来不同的最终产品概念，从而导致教育活动边界的不同。从全口径的视角来看，教育卫星账户的主要目标是对SNA范围下教育部门账户的扩展。相应地，教育活动的生产范围将得到进一步扩展，即生产活动的范围将扩展为全口径教育行业下的生产活动范畴，包括以提供教育服务为核心的教育产品的生产活动、为实现教育产品生产所必需的辅助生产活动、教育用品和专用设备的生产活动以及其他次要活动。同时，教育活动的消费范围也将扩展为全口径教育支出下的消费活动范畴，包括教育机构、教职员工、学生以及国外对最终教育产品的消费活动。

因此，全口径教育卫星账户将采用一个扩展的核算范围，即全口径教育行业下的生产范围以及全口径教育支出下的消费范围。核算范围的优先扩展，将有助于全口径教育卫星账户更加全面地核算教育产出。

三、概念要素

基于国民经济核算原理，一个概念框架通常由关键概念、相关统计单位以及某些特性等要素构成。因此，明确界定全口径教育的关键概念要素是全口径教育卫星账户理论构建的前提与基础。

全口径教育卫星账户的关键概念要素包括：一是教育生产者、消费者、融资者以及教育产品等教育主体；二是全口径教育核算框架及其要素。本章拟从教育主体、层级划分以及要素平衡三个层面阐释全口径教育的关键概念要素，如图4-2所示。

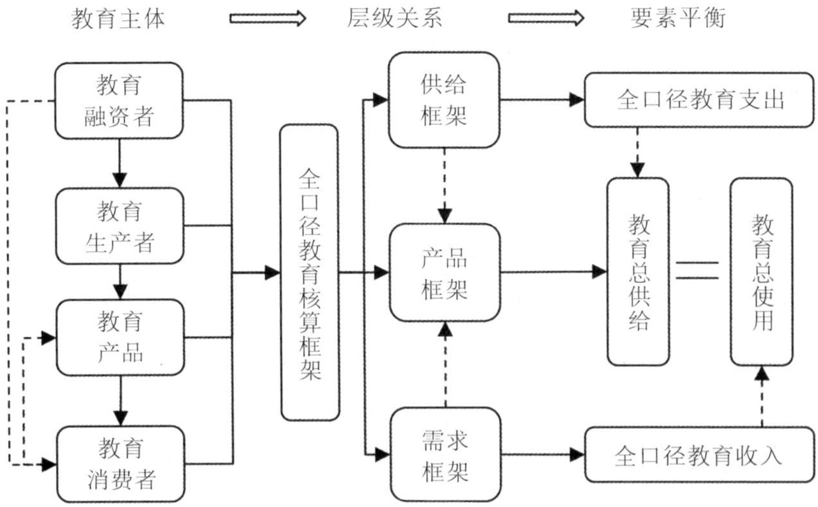

图4-2　全口径教育卫星账户理论构建：关键概念要素

1.教育主体

教育主体是指全口径教育卫星账户涉及的核算主体和核算产品。从SNA的机构部门和机构单位出发，可以将教育融资者、生产者和消费者视为全口径教育卫星账户的核算主体。其中，教育融资者（AF）指最终承担教育领域支出费用（即教育活动相关成本）的经济主体，这里反映为全口径视角下用于教育生产过程的资金来源方；教育生产者（AP）指从事教育领域内的特征活动及提供关联产品的经济主体，这里反映为全口径视角下直接承担教育产品生产的供给方；教育消费者（Agents Consuming，AC）指使用教育特有产品或从相应转移中受益的个体或部门，这里反映为全口径视角下直接承担教育消费活动支出的需求方。

核算产品是卫星账户的重要流量之一。全口径视角下，教育产品（EP）进一步扩展为“宏观产品”概念，这里反映为全口径教育行业生产活动的最终结果，通常以特征产品和关联产品的形式来展示。

显然，教育融资者的全部资金被分配给教育生产者，用于教育产品的生产；或分配给教育消费者，用于教育产品的消费。

2.核算框架及层级关系

全口径教育核算框架由供给、需求以及产品层面的框架组成。其中，供给框架以教育融资者和教育生产者为主体，主要针对生产活动进行构建；需求框架以教育消费者为主体，主要针对消费活动进行构建；产品框架以教育产品为主体，主要针对产品供应和使用进行构建。核算框架的层级关系主要体现为以下两点：第一，供给框架、需求框架以及产品框架是全口径教育核算框架的细分框架（或子表）；第二，产品框架可以被视为供给框架与需求框架的集合。

3.核算框架的要素平衡

全口径教育核算框架的基本要素包括全口径教育收入（即收入）、全口径教育支出（即支出）以及教育总供给和教育总使用等四个要素，这四个要素之间将满足以下2个平衡关系式：

全口径教育收入 = 全口径教育支出 (4.1)

教育总供给 = 教育总使用 (4.2)

理论上，全口径教育收入和全口径教育支出分别反映为用于教育生产过程的全部教育收入以及用于教育消费过程的全部教育支出；教育总供给和教育总使用分别反映为教育产品生产所带来的产出总量以及对这些教育产品的消费总额。

但在实际衡量过程中，全口径教育收入往往大于全口径教育支出，因其还会用于其他产品的支出。因此，需要考虑纳入与教育产品相关的其他行业的产品内容，包括产出构成与消费支出。此时，教育总供给和教育总使用将分别反映为教育产品和其他产品的生产和消费总量。

四、框架基础

目前针对教育领域，国际上较为成熟的卫星账户有UNECE（2020）提出的SAET，UNESCO（2016）提出的NEA，法国教育账户以及UOE教育数据收集系统四类账户。通过对比分析这些卫星账户，发现全口径教育卫星账户的核算框架可以有以下几种参考模式：

1.SAET供给使用框架

UNECE所提出的SAET，是基于SNA（2008）与ESA（2010）定义和原则提出的。SAET供给使用框架主要参考SNA供给使用框架，详细描述教育产品生产和使用情况，如图4-3所示。这一框架以SNA供给使用框架为基础，通过“产品×生产单位”的形式将与教育领域相关的产品和经济主体单独列示出来。从核算框架的基本结构看，可以将其视为局部供给使用表的扩展。

供给			
	教育生产者（一般政府/NPISH/市场生产者等）	进口、税减补贴	合计
教育与培训 按目的划分			
合计			
R&D生产			

使用			
	中间消耗（市场生产者）最终消费支出	出口	合计
教育与培训 按目的划分			
合计			
	教育资本形成总额		
	一般政府/NPISH/市场生产者		合计
R&D资本形成			
合计			

图 4-3　SAET供给使用框架（简表）

资料来源：UNECE. Satellite account for education and training: compilation guide [R]. Geneva: United Nations, 2020.

2.NEA分析框架

UNESCO所提出的NEA，将教育领域内容置于根据教育等级构成的教育产品和活动列表，并根据“资金流动”方向，描述教育领域经济活动详情（即从融资者到生产者再到受益者）。NEA分析框架如图4-4所示。这一核算框架以分析教育领域内资金去向为目标，通常采用“二维交叉”的结构进行教育支出在融资者、生产者以及受益者之间的分解。从核算框架的基本结构看，其与国民账户结构存在一定差异。

3.UOE教育支出框架

UOE所提出的教育支出框架，以收集正规教育系统的教育信息为主，重点是进行教育支出的分解。UOE教育支出框架如图4-5所示。这一核算框架以分解教育支出为目标，因此与NEA类似，也采用“产品×生产部门”的结构进行教育支出分解。从核算框架的基本结构看，其与国民账户也存在结构差异。

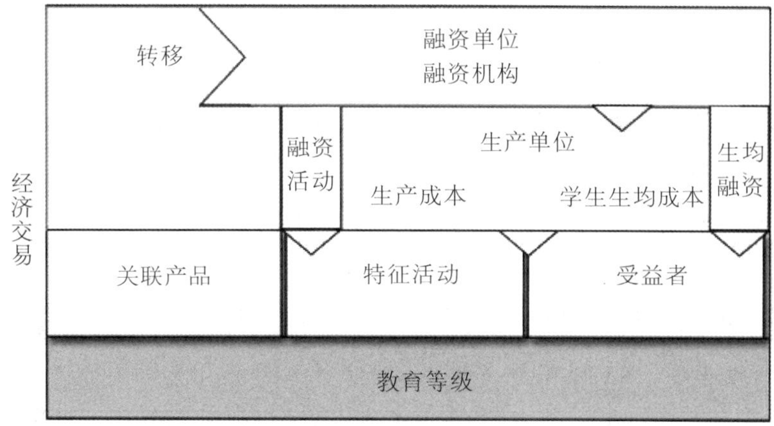

图 4-4　NEA 分析框架

资料来源：UNESCO INSTITUTE FOR STATISTICS，UNESCO INTERNATIONAL INSTITUTE FOR EDUCATIONAL PLANNING. Methodology of national education accounts［R］. Montreal：UNESCO-UIS，2016.

货物和服务类型		服务提供者	
		教育机构内部	教育机构之外
教育领域核心货物和服务		公共资金来源	自给自足的私有来源
		自给自足的私有来源	（书本、材料、额外费用） 私有资金来源
		私有资金来源 （学费、其他私有主体）	
教育领域次要货物和服务	R&D	公共资金来源	
		私有资金来源 （其他私有主体）	
	非教学的	公共资金来源 辅助服务 （餐饮、校车、住宿）	自给自足的私有来源 （生活成本、交通）
		自给自足的私有来源	私有资金未源
		私有资金来源 （服务费用）	

图 4-5　UOE 教育支出框架

资料来源：UNESCO-UIS.UOE data collection on formal education：manual on concepts，definitions and classifications［R］. Montreal：UNESCO-UIS，2020.

本章进一步从基本原则、地理范畴、教育范围等方面进行三种核算框架的初步比较。

在基本原则上，SAET以“权责发生制”作为记录原则，而其他两套核算框架以“现金收付制”为主。这反映了SAET与其他两套框架相比，更符合从国民账户视角出发进行卫星账户的构建的特色。

在地理范畴上，除了UOE核算框架以“国内活动”为核算边界，其他两套核算框架都将其边界定义为“常住单位”。从与国民账户的一致性来看，SAET和NEA核算框架对于编制卫星账户更为适合。

在教育范围上，目前三套核算框架都是以正规教育为主，但也有细微差异。如UOE并不涵盖非正规教育，其他两套核算框架同时对正规教育与非正规教育进行核算；在对R&D的处理方面，SAET将其记录为资本投资，NEA将其作为教育机构的生产活动，而UOE将其限定为高等教育机构的生产活动。此外，SAET同时涵盖了企业内部的教育培训活动。在对教育的界定方面，不同的记录方式，对整个国民账户以及GDP总量的影响并不大，但会影响教育部门内部具体行业的贡献估算。

由于在基本原则、地理范畴以及教育范围方面的规定各有侧重、各有不同，上述三套核算框架对于构建教育卫星账户理论框架都存在一定局限性。因此，本章拟通过整合三套核算框架，进一步构建教育卫星账户的综合概念框架。

第三节　全口径教育卫星账户概念性框架

一、理论分析框架

在SNA（2008）框架下，卫星账户核算涵盖三个基本问题：一是资金来源（或融资者）及其去向；二是谁负责生产（即生产者）及其结果（即产品）；三是谁从中获益（即使用者或受益者）及其所得。围绕以上三个问题，结合全口径教育核算理念，本章拟构建包含供给层面、产品层面以及需求层面在内的全口径教育卫星账户概念框架（如图4-6所示），将教育领域的生产、需求以及两者之间的内在关系都展示在一个统一结构中，构成卫星账户的“核心结构”模块；同时，通过引入实物量与非货币数据，进一步分析教育总量指标对中心框架结构和总量的影响，将全口径教育卫星账户分析扩展至“延伸内容”模块。

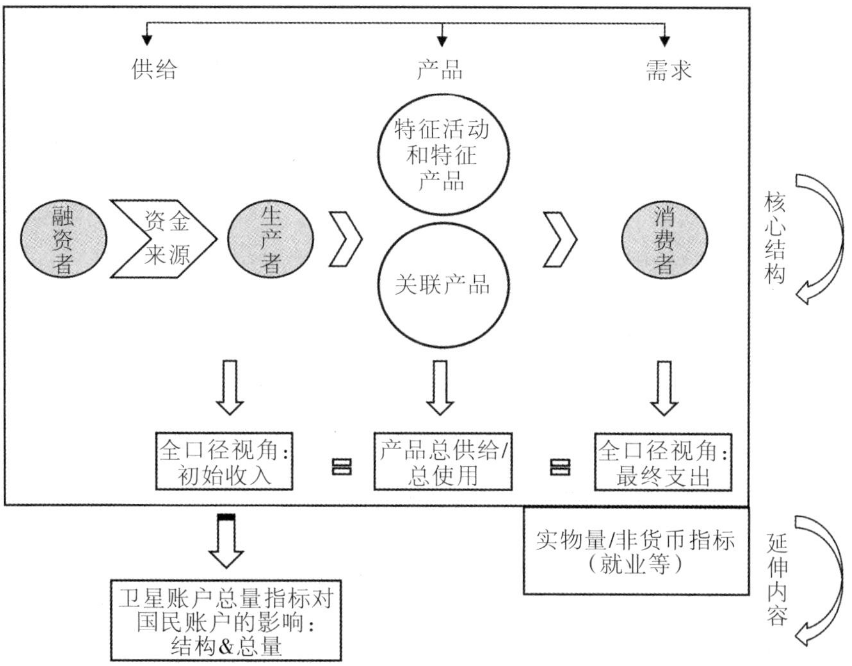

图4-6　全口径教育卫星账户理论分析框架

二、核心账户

核心账户以描述教育领域经济活动详情为目标，因此将围绕“供给”“需求”“产品”三个不同视角构建教育卫星账户框架的核心账户，进而建立反映“供给层”的教育融资分析、“需求层”的教育消费分析以及“产品层”的教育产品供求分析三个主要框架。接下来，本章拟从核算过程、账户结构以及核算内容等方面，分别阐述上述分析框架。

（一）“供给层”——教育融资分析框架

教育融资分析框架拟重点描述教育资金来源如何在融资者与生产者之间进行流动。结合国民经济核算原理，供给视角下的全口径教育核算拟重点展示教育收入再分配核算和教育收入使用核算，进而通过设置教育生产者的来源和使用账户实现上述核算过程。

1.核算过程

全口径视角下供给层的经济活动，既反映教育收入再分配核算，又反映教育收入使用核算。

教育收入再分配核算是将全口径教育收入以经常转移/缴款（如税收、拨款）、资本转移（如投资补助或其他资本转移）、教育产品的销售收入以及其他收入等形式，从各融资部门（即政府、金融/非金融公司、住户、NPISH以及国外）分配到各教育部门（即政府、非金融公司以及NPISH）之中。其中，虚框内是指各教育部门。全口径教育收入（即初始教育收入）在教育部门之间的再分配过程如图4-7所示。

收入再分配结束后，各教育部门得到的可支配教育收入，一部分用于教育服务的生产，即市场/非市场部门产出；一部分用于固定资本形成，也可将其视为投资；剩余的收入用于其他方面的支出，如出口。可支配教育收入在教育部门之间的使用过程如图4-8所示。

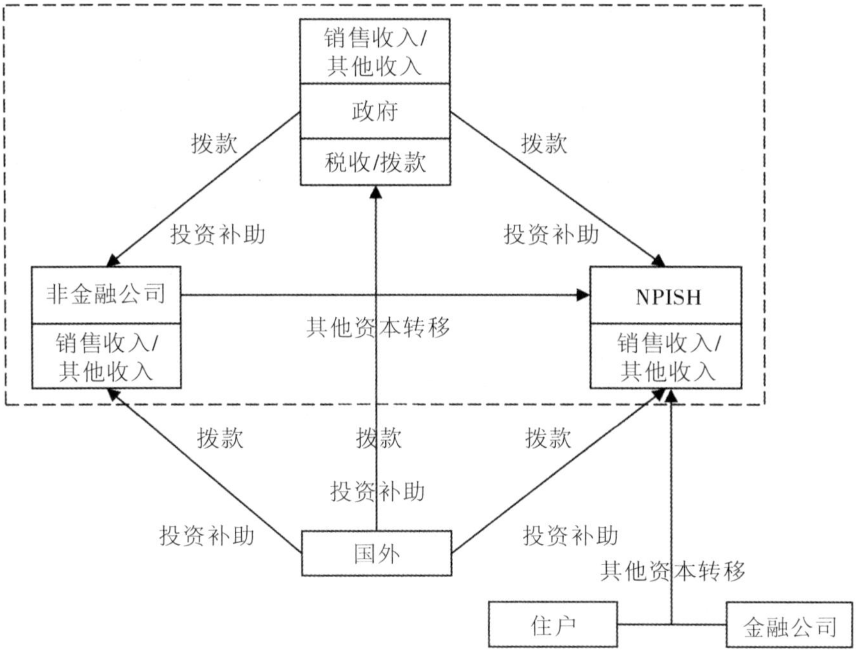

图 4-7　教育收入再分配核算

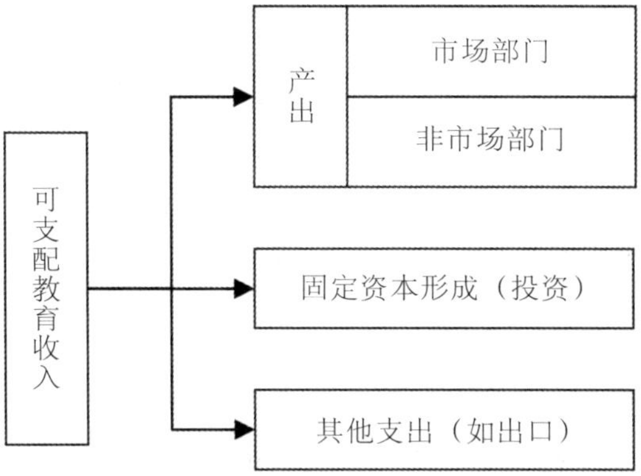

图 4-8　教育收入使用核算

2.账户结构

教育生产者通常利用教育融资者提供的资金开展相应的生产活动。将教育作为供给领域的活动来看，可以构建一个供给角度的账户，核算主体为教育生产者和它们的生产活动。

在供给方面，典型的卫星账户以生产账户为主，侧重描述生产活动及其生产总量指标（如增加值）。在典型卫星账户的基础上，本章拟从教育的资金来源（或教育收入）入手，将用于教育生产过程的资金来源进行分解，同时考虑教育生产过程对教育收入的使用，通过设置一个来源和使用账户来描述教育生产者的教育收入是如何形成和分配使用，展示供给角度的核算过程，如表4-1所示。

表4-1 **来源使用表**

	教育生产者（AP）		
	1	2	....
来源			
经常转移/缴款			
教育融资者（AF）			
1，2，...			
资本转移			
教育融资者（AF）			
1，2，...			
销售收入			
教育产品（EP）			
1，2，...			
其他收入			
使用			
非市场部门产出			
市场部门产出			
其他支出			
固定资本形成总额			
平衡项			

这一账户主要参照SNA的收入再分配账户，同时借鉴意大利教育卫星账户的主要经验。拟定的教育生产者账户将采用复式结构来记录教育生产活动，教育生产的资金来源记录在账户的来源方，教育生产的产出使用记录在账户的使用方，同时引入一个平衡项来确保这一账户的平衡。其中，账户的列向量是教育生产者的来源、使用和平衡项，来源显示为教育融资者的支出构成，使用显示为教育生产者的产出构成。作者将根据资金来源类型和支出类型来划分教育生产者的来源和使用；账户的行向量是教育生产者。作者将根据SNA（2008）部门分类来划分教育生产者。

3.核算内容

供给角度：教育生产者来源和使用账户，主要登录项目包括“来源”“使用”“平衡项”。“来源”是指全口径视角下教育生产活动的全部资金来源，也指全口径教育收入。可以将这一收入进一步细分为经常转移/缴款、资本转移、销售收入以及其他收入等主要核算项目。“使用”是指全口径视角下教育生产活动的产出使用构成，进一步细分为非市场部门和市场部门产出（即教育服务的生产）、固定资本形成总额以及其他支出等主要核算项目。为了使账户的来源和使用达到平衡关系，引入“可支配教育收入”作为平衡项。

（二）“需求层”——教育消费分析框架

教育消费分析框架拟重点描述教育支出如何在教育产品与教育使用者/受益者之间进行分配。结合国民经济核算原理，需求视角下的全口径教育核算拟重点展示教育使用核算，进而通过设置教育消费者的支出账户实现上述核算过程。

1.核算过程

全口径视角下需求方的经济活动反映为教育使用核算，即各教育部门对可支配教育收入（由初始教育收入分配而来）的全部使用过程。

虚框内的流程即为教育使用核算。与教育收入使用核算不同，需求方的核算活动不会对可支配收入的支出进行消费、投资或出口等支出项目的性质划分，而是根据教育产品的不同进行支出的划分。这些教育产品的支出总和便构成了全口径教育支出。教育使用核算如图4–9所示。

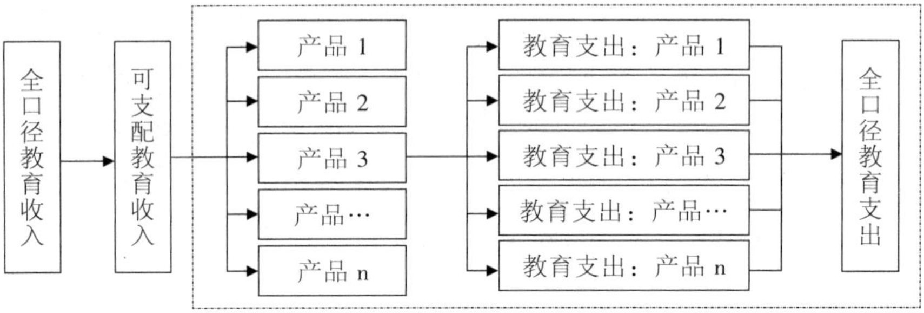

图 4–9　教育使用核算

2.账户结构

教育消费者通常利用教育融资者所提供的资金开展相应的消费活动。将教育作为需求领域的活动来看，可以构建一个需求角度的账户，核算主体为教育消费者和他们的消费活动。

在需求方面，典型的卫星账户以居民或政府的消费账户为主，侧重描述产品的消费过程及其支出指标（如最终消费支出）。在典型卫星账户的基础上，本章拟从用于教育目的的消费（或全口径教育支出）入手，将用于教育消费过程的全部支出进行“产品×消费者”的分解，通过设置一个支出账户来描述教育消费者的教育支出是如何被花费的，展示需求角度的核算过程，如表4–2所示。

这一账户主要借鉴法国教育账户的经验。拟定的教育消费者账户将采用“二维交叉”分类的结构来记录教育消费活动，根据教育产品和教育消费者这两个分类单位进行教育支出的分解。其中，账户的列向量是教育产品，显示为教育生产活动的最终产品；账户的行向量是教育消费者，显示为承担教育产品支出的经济主体。此外，还会引入一个补充信息，显示教育消费者的人数。

表4-2 **教育支出表**

教育产品	教育消费者		
	1	2	…
产品1 产品2 ⋮ 产品n			
合计	全口径教育支出		
补充信息	消费者人数		

3.核算内容

需求角度：教育消费者支出账户，主要登录项目包括“教育消费者”“教育产品”“合计”。“教育消费者”是指全口径视角下教育消费活动的主体，可以根据谁承担教育支出进行细分；“教育产品”是指全口径视角下教育生产活动的最终结果，可以根据全口径教育行业进行细分；“合计”是指全部教育支出的总和，也指全口径教育支出。此外，补充信息是对教育消费者人数的统计。

（三）“产品层”——教育产品供求分析框架

教育产品供求分析框架拟重点描述教育产品的生产以及使用过程。结合国民经济核算原理，产品视角下的全口径教育核算拟重点展示教育总供给与总需求核算，进而通过设置教育产品的供给和使用账户实现上述核算过程。

1.核算过程

全口径视角下产品方的经济活动反映为教育总供给与总需求核算，即各教育部门的教育生产总量的生产与消费过程，教育总供给与总需求过程如图4-10所示。

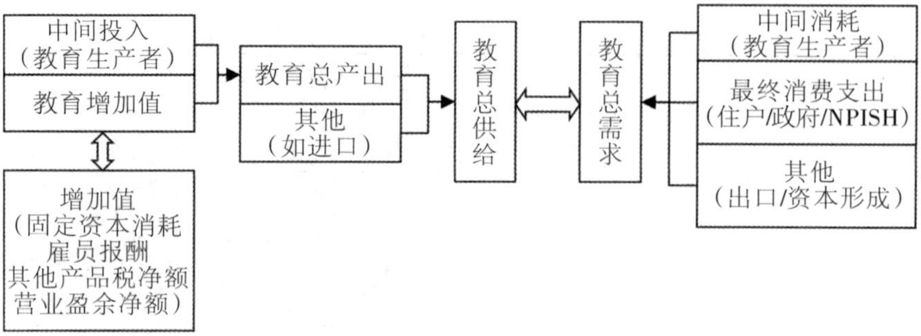

图4-10 教育总供给与总需求核算

2.账户结构

供给角度和需求角度的核算框架分别以收入和支出的形式，详细描述了教育产品的生产过程和消费过程。在此基础上，根据全口径教育核算与国民经济核算原理，从经济供给需求的平衡关系出发，可以通过构建一个综合账户同时描述教育生产过程和消费过程。

在产品方面，典型的卫星账户以产品供给使用表为主，侧重描述产品的供应和使用过程及其总量指标（如总产出、总使用）。在典型卫星账户的基础上，本章拟从全口径视角下的教育行业入手，详细展示教育产品的供应和使用过程，通过设置一个教育供给和使用账户来描述教育产品是从何而来以及如何被使用的，展示产品角度的核算过程，如表4-3所示。

表4-3 **教育供给使用表**

	教育产品			
	产品1	产品2	…	产品n
总供给				
产出				
教育生产者（AP）				
1，2，…				

续表

	教育产品			
	产品1	产品2	…	产品n
进口				
总使用				
中间使用				
教育生产者（AP）				
1，2，…				
最终消费支出				
其他				

这一账户主要参考SNA的供给使用表框架。拟定的教育产品供给和使用账户将采用供给表和使用表结构来分别记录教育产品的供应过程和使用过程。其中，账户的行向量显示为教育产品的总价值；账户的列向量分别显示为各类产品的供给和使用。

3.核算内容

产品角度：教育产品供给和使用账户，主要登录项目包括“总供给”“总使用”“教育产品”。“总供给”是指全口径视角下教育产品生产的产出总值，进一步细分为产出和进口；“总使用”是指全口径视角下教育产品的支出总和，进一步细分为中间使用、最终消费支出和其他；“教育产品”是指全口径视角下教育生产活动的最终结果，可以根据全口径教育行业进行细分。

三、延伸内容

对教育领域而言，一些非货币性信息也尤为重要，如教职员工和学生人数、受教育程度等。此外，将价值量与实物量信息予以进一步联系，也要进行生均教育成本等指标分析。因此，本章拟初步给出补充表（如表4-4所示），作为教育卫星账户的延伸内容。

表4-4 **补充表：学生和教职工**

	受教育程度				合计
	ISCED0-1	ISCED2-3	ISCED4-8	非ISCED	
学生人数					
男					
女					
教职工人数					
生均教育成本					

补充表侧重描述教育系统按照受教育程度（或教育等级）划分的学生人数和教职工人数统计。此外，结合核心账户，以全口径教育支出作为教育成本总量指标，可以进一步反映生均教育成本。

第四节　总结

从编制理论入手，本章重点阐述如何构建全口径教育卫星账户的总体框架，主要从三个方面予以阐述，分别是内涵界定、核算基础以及概念架构。

在内涵界定方面，本章将全口径教育卫星账户界定为全口径视角下教育经济运行过程及其结果的一种账户表现形式，是对全口径教育核算的全面阐释。进一步地，将其功能定位为：基本功能是以账户形式描述“教育功能”相关经济流量，本质功能是通过账户内容来分析教育的“经济功能”相关经济活动。

在核算基础方面，本章将全口径教育卫星账户核算机理概括为国民经济核算原理和全口径教育核算理论；为了更全面地展现教育领域经济活动全貌，全口径教育卫星账户将采用一个扩展的核算范围，即全口径教育行业下的生产范围以及全口径教育支出下的消费范围；全口径教育卫星账户的关键概念要素包括教育主体、核算框架及其要素；现有核算框架主要有三个参考模型，分别是SAET供给使用模型、NEA分析模型以及UOE教育支出模型。全口径教育卫星账户应当通过整合三套参考模型进行核算框架的构建。

本章初步构建了“核心账户+延伸内容”的全口径教育卫星账户概念性框架。总体上，这一框架从供给、需求以及产品等多维度视角出发，系统、全面地揭示了教育系统的经济流量；同时引入非货币性数据，链接教育领域的价值量与非价值量信息。具体来看，核心账户由教育融资分析框架、教育消费分析框架以及教育产品供求分析框架三个部分构成。针对核心账户的设置，重点从核算过程、账户设计以及核算内容三方面进行了考察。延伸内容主要展示教育领域内的实物量信息，如学生和教职工人数，进一步通过提供“生均教育成本”指标实现对教育领域经济指标与非经济指标的链接分析。

接下来，本书拟根据概念性框架，进行全口径教育卫星账户的编制设计，提供技术层面的编制指导。

第五章

全口径教育卫星账户的编制设计

全口径教育卫星账户的总体框架确定后，就进入具体账户表的编制环节。从编制设计入手，本章将重点阐述全口径教育卫星账户的技术问题。首先，概述全口径教育卫星账户的编制原则和整体思路；其次，构建核心分类系统，明确账户的计量问题，在此基础上，以全口径教育卫星账户的总体框架为基础，重点编制供给、需求以及产品角度的账户标准式和简化式，详细分析账户涉及的总量指标和平衡关系；再次，借助综合评分法，通过构建教育卫星账户评价指标体系，论证全口径教育卫星账户的方法优良性；最后，基于全口径教育卫星账户的数据需求，提出构建教育指标体系的初步设想。

第一节 编制原则及整体思路

一、编制原则

1.国民账户的一般原则

全口径教育卫星账户被视为一种经济账户，而经济账户的编制理应遵循国民经济核算的一般原则。因此，在编制全口径教育卫星账户时，应当遵循以下两个普遍的经济核算原则：一是复式记账原则，即每笔交易记录两次（来源和使用）；二是权责发生制原则，即大部分的经济流量应当在其所有权发生转移时予以记录。

不过，由于卫星账户是一套灵活的核算账户，可能无法严格按照国民账户的核算规则予以编制。在实际编制全口径教育卫星账户时，不必完全遵照上述原则，而是根据实际记录内容予以调整。

2.全面性原则

全口径教育卫星账户是对教育领域经济活动的全面阐释，账户的编制理应全面覆盖教育经济活动的不同阶段以及不同方面。因此，基于全面性的编制原则，全口径教育卫星账户的编制设计需要反映全口径视角下的全部教育经济流量：通过更全面的账户形式全面阐释教育经济流量在不同的教育部门、教育产品之间的详细流向。

3.数据可获取性原则

对任一经济账户而言，数据的可获取性都会影响其编制程度。经济账户能否全面展示相关信息的关键是：是否存在大量经济数据的支持。因此，在编制全口径教育卫星账户时，也应当遵循数据可获取性的编制原则。

不同层面的全口径教育卫星账户，其数据来源可能并不完全一致，这也间接导致卫星账户内容的详尽程度不同。根据数据获取的程度，可以进行全口径教育卫星账户相应内容的调整，包括登录项目的整合、分解或忽略处理，从而得到不同的账户表式。

二、整体思路

卫星账户的编制与设计通常从以下四点展开：首先，明确卫星账户的目标、用途与需求；其次，从国民账户中选取相关内容；然后，选择相关的补充信息，例如，选择特定统计数据或行政来源数据；最后，将相关概念和数据整合到一整套账户和表格之中（Eurostat，2013）。

按照以上思路，本章拟从全口径的视角出发，从供给、需求和产品三个角度进行全口径教育卫星账户的实际编制，如图5-1所示。

账户编制的整体思路阐述如下：首先，确定编制准备工作。在编制全口径教育卫星账户之前，需要明确编制原则和编制的整体思路。其次，建立核心分类，明确计量问题。针对关键概念要素，建立核心分类系统，详细划分教育主体。此外，明确卫星账户涉及的计量问题；在此基础上，编制和分析具体账户表。以全口径教育卫星账户的

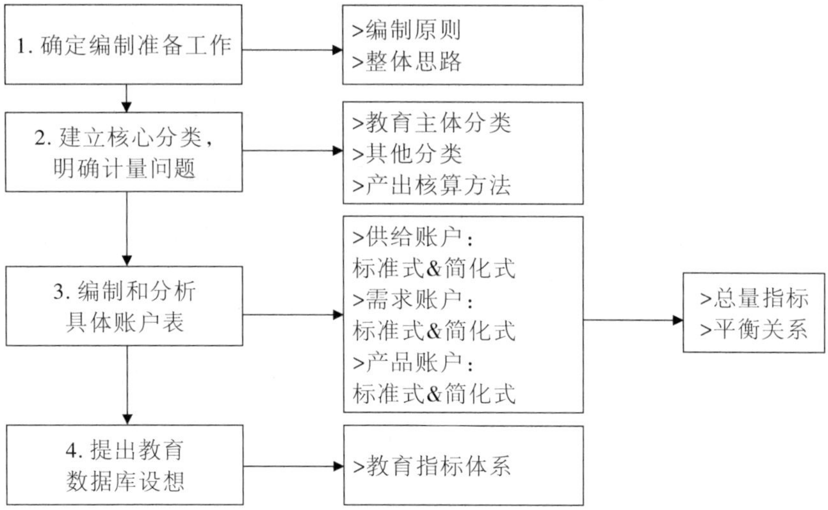

图5-1 全口径教育卫星账户编制流程

总体框架为基准，结合核心分类系统和相关计量方法，重点编制供给、需求以及产品角度的账户表式。账户表式包括标准式和简化式两种类型。然后，详细分析账户涉及的总量指标和平衡关系。最后，提出教育数据库建设的初步设想。从数据要求出发，提出构建教育指标体系的设想。

第二节 核心分类和计量问题

一、核心分类系统

核心分类系统是针对全口径教育卫星账户的关键概念要素，即教育主体所构建的一套分类方法。核心分类系统是编制与设计全口径教育卫星账户的重要前提。全口径视角下，核心分类系统包括核算主体分类和核算产品分类，如图5-2所示。其中，核算主体分类由三个子分类构成，分别是教育融资者（AF）分类、教育消费者（AC）分类以及教育生产者（AP）分类。核算产品分类指教育产品（EP）分类。

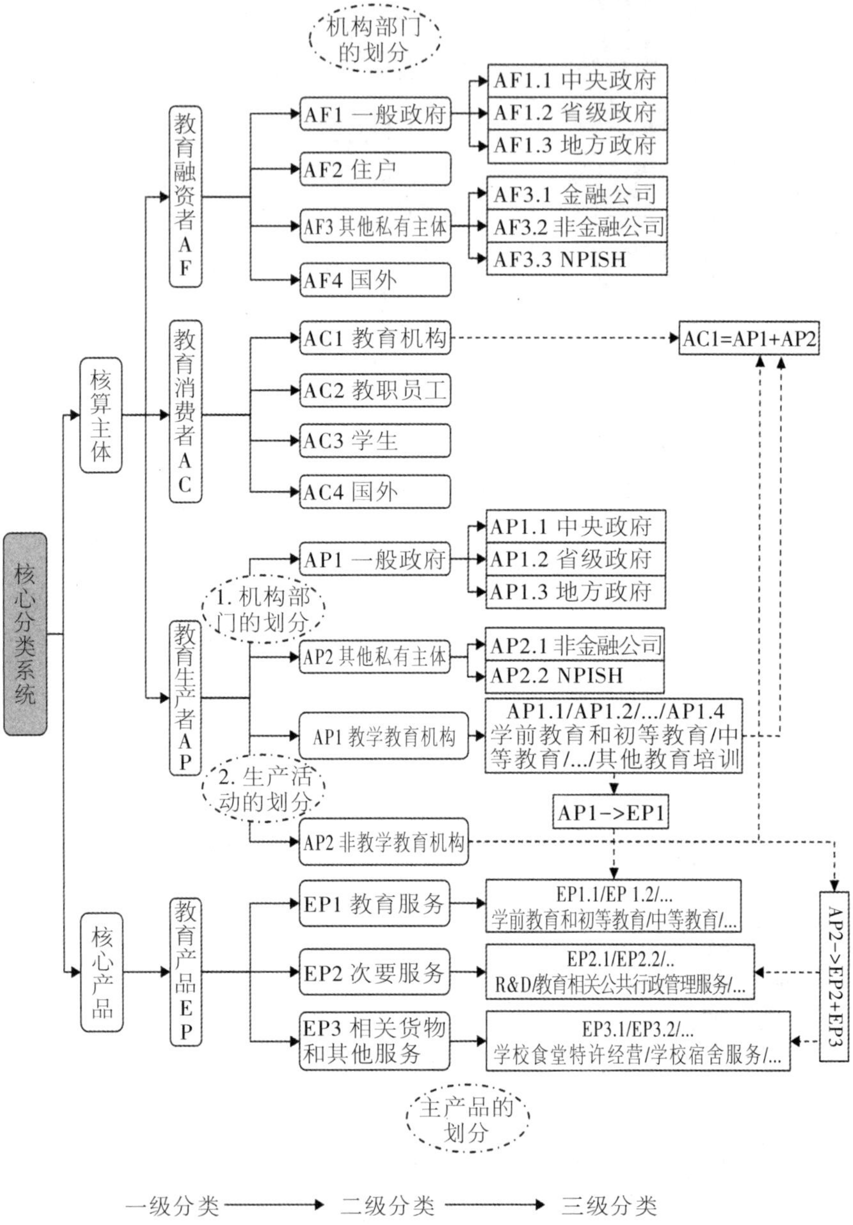

图 5-2　全口径教育卫星账户：核心分类系统

教育融资者（AF）分类通常参照SNA（2008）机构部门分类，具体类目见表3-1；教育消费者（AC）分类通常参照“教育功能”[①]，对直接承担教育支出的经济主体进行划分，具体包括“AC1 教育机构”“AC2 教职员工”“AC3 学生”“AC4 国外”；教育生产者（AP）分类通常参照SNA（2008）机构部门分类或ISIC Rev4主要经济活动类别，按机构部门划分的具体类目见表3-1，按经济活动划分的具体类目见表3-2；参考主产品分类（CPC），同时考虑教育生产过程发生的各项支出（即与教育功能相关的支出项目），可以将教育产品分为教育服务（EP1）、次要服务（EP2）以及相关货物和其他服务[②]（EP3），具体类目见表5-1。其中，教育服务是核心产品，指全口径视角下教育生产过程中的典型产出物；次要服务、相关货物和服务是周边产品，指与提供核心产品相关的教育生产过程中的关联产出物。

从分类层次看，核心分类系统由一级分类、二级分类以及三级分类构成。其中，一级分类是指将教育主体（包括核算主体和核算产品）划分为教育融资者、教育消费者、教育生产者以及教育产品；二级分类是对一级分类的进一步细化，通常根据机构部门划分教育融资者、教育消费者、教育生产者，根据主产品划分教育产品，也可以根据生产活动划分教育生产者；三级分类是对部分二级分类（如教育融资者分类、教育生产者分类及教育产品分类）的进一步细化，与二级分类基本采用一致的分类标准。

从分类对应看，教育产品分类与教育生产者分类以及教育消费者分类之间存在着一一对应的关系：一是“AC1=AP1+AP2”，即作为教育消费者的教育机构（AC1）也指按主要经济活动划分的教育生产者

---

① 基于SNA（2008）功能分类，卫星账户主要分析与“经济功能”相关内容，如教育功能。

② 这里的“相关货物和其他服务”主要指在教育活动过程中所发生的辅助性支出，其对应的货物和服务，如书本、设备、校车服务、餐饮服务等。

（AP1+AP2）；二是“AP1->EP1”，即按ISIC Rev4主要经济活动划分的教育生产者AP1和AP2，其产品分别对应为EP1和“EP2+EP3”。

表5-1详细描述教育产品分类、教育生产者分类（按主要经济活动）以及教育消费者分类之间的对应关系。

表5-1 **教育产品分类、教育生产者分类及教育消费者分类：对应关系**

<table>
<tr><th>教育产品（EP）</th><th>教育生产者：教育行业（AP）</th><th>教育消费者（AC）</th></tr>
<tr><td>教育特征产品</td><td></td><td rowspan="10">AC1 教育机构
AC4 国外</td></tr>
<tr><td>EP1　教育服务</td><td>1　教育</td></tr>
<tr><td>EP1.1　学前和初等教育</td><td>1.1　学前和初等教育</td></tr>
<tr><td>EP1.2　中等教育</td><td>1.2　中等教育</td></tr>
<tr><td>EP1.3　中等后教育和高等教育</td><td>1.3　中等后教育和高等教育</td></tr>
<tr><td>EP1.4　其他教育培训</td><td>1.4　其他教育培训</td></tr>
<tr><td>教育关联产品</td><td></td></tr>
<tr><td>EP2　次要服务</td><td></td></tr>
<tr><td>EP2.1　R&D</td><td>2　R&D</td></tr>
<tr><td>EP2.2　教育相关公共行政管理服务</td><td>3　教育监管服务</td></tr>
<tr><td>EP3　相关货物和其他服务</td><td></td><td rowspan="5">AC2 教职员工
AC3 学生
AC4 国外</td></tr>
<tr><td>EP3.1　学校食堂特许经营</td><td>4　学校餐饮服务</td></tr>
<tr><td>EP3.2　学校宿舍住宿服务</td><td>5　学校住宿服务</td></tr>
<tr><td>EP3.3　学校班车运输服务</td><td>6　学校运输服务</td></tr>
<tr><td>EP3.4　学校医疗服务和牙科服务</td><td>7　学校医疗服务</td></tr>
<tr><td>EP3.5　学校建筑物建筑和维护服务</td><td>8　学校楼宇建筑活动
9　学校楼宇维护服务</td><td>AC1 教育机构
AC4 国外</td></tr>
<tr><td>EP3.6　教材书、参考书、工具书等</td><td>10　教材、其他材料出版活动
11　教材、其他材料零售活动</td><td rowspan="2">AC1 教育机构
AC3 学生
AC4 国外</td></tr>
<tr><td>EP3.7　钢笔、铅笔、纸等教育文具</td><td>12　教育文具制造活动
13　教育文具零售活动</td></tr>
</table>

续表

教育产品（EP）	教育生产者：教育行业（AP）	教育消费者（AC）
EP3.8 计算机和教育配套软件	14 计算机及其配件制造活动 15 教育软件发行活动 16 计算机、教育软件零售活动	AC1 教育机构 AC4 国外
EP3.9 体育用品、器材	17 体育用品、器材制造活动 18 体育用品、器材零售活动	
EP3.10 其他教学专用设备	19 其他教学专业设备制造和零售活动	
EP3.11 校服及其他工作服、专用鞋类	20 校服、其他服装和鞋类制造活动 21 校服、其他服装和鞋类零售活动	AC2 教职员工 AC3 学生 AC4 国外

资料来源：经过作者整理得出；主要参考国际标准ISCED（2011），ISIC（Rev.4），COFOG（2011），COPNI（2011），CPC（Ver.2.1）。

除了核心分类系统外，也可以通过教育等级进行教育领域的细分类。从教育等级看，教育领域可以划分为4个等级，分别为：学前和初等教育、中等教育、中等后教育和高等教育以及其他教育。其他教育也指校外教育，通常指正规教育系统之外的机构所提供的教育，如夜校、员工培训及其他未划等级的教育课程等。

二、账户计量问题

从全口径的视角看，教育卫星账户将继续使用投入成本法衡量非市场部门的教育产出，即非市场部门的教育产出等于教师工资、中间消耗以及固定资本消耗（学校建筑物等的折旧）之和。针对市场部门的产出，教育卫星账户将采用支出法衡量市场部门的教育产出。SNA提出，可以通过“支出法”衡量GDP，即GDP等于最终消费、资本形成、出口减进口等几项之和。在此基础上，市场部门的教育产出等于住户对教育产品的实际支付额。

第三节　账户表式：标准式及简化式

一、标准式和简化式：一般编制过程

全口径教育卫星账户的标准式是基于核心分类系统，对总体框架的分解处理。从全口径教育卫星账户的总体框架出发，结合核心分类系统，可以分别编制供给、需求以及产品角度的账户标准式。这一编制过程反映了“先综合再分解”的设计思想，即基于对已知的供给/需求/产品框架的分解，得到供给/需求/产品账户表的标准式。

全口径教育卫星账户的简化式是基于现实教育数据的可获取性，对账户标准式的简化处理。考虑到现实经济数据的可获取性，通过对账户标准式部分内容的整合处理，以及剔除一些无法获取的信息，可以分别得到供给、需求以及产品角度的账户简化式。这一编制过程反映了“先分解再综合”的设计思想，即对于不同来源数据按照供给/需求/产品账户表的具体项目进行必要的分类汇总，得到供给/需求/产品账户表的简化式。

二、账户表式：标准式

（一）供给角度的账户表式

基于全口径教育卫星账户的总体框架，通过核心分类系统扩展原有“供给层”框架的核算内容（即表4-1），编制供给角度的账户标准式，如表5-2所示。

表 5-2　　　　**教育生产者：来源和使用（标准式）**

	教育生产者				
	公共生产者			私有生产者	
	一般政府			其他私有主体	
	中央政府	省级政府	地方政府	非金融公司	NPISH
来源					
经常转移/缴款					
税收					
AF1				×	×
AF1.1				×	×
AF1.2				×	×
AF1.3				×	×
拨款（或补贴）					
AF1					
AF1.1	×				
AF1.2	×	×			
AF1.3	×	×	×		
AF3.3					
AF4					
资本转移					
投资补助					
AF1	×	×	×		
AF1.1	×	×	×		
AF1.2	×	×	×		
AF1.3	×	×	×		
AF4					
其他资本转移					
AF2	×	×	×	×	

续表

	教育生产者				
	公共生产者			私有生产者	
	一般政府			其他私有主体	
	中央政府	省级政府	地方政府	非金融公司	NPISH
AF3.1	×	×	×	×	
AF3.2	×	×	×	×	
销售收入					
EP1：教育服务	×	×	×		×
EP2、EP3：关联产品					
其他收入					
使用					
非市场部门产出				×	
雇员报酬				×	
中间消耗				×	
固定资本消耗				×	
产品税				×	
营业盈余（市场生产）				×	
市场部门产出	×	×	×		×
其他支出					
固定资本形成总额					
平衡项					

×：表示不适用。

资料来源：VEROLI N N D，TARTAMELLA F. The challenge of building education satellite account and the link with human capital account [C] // Paper presented at the 31st General Conference of the International Association for Research in Income and Wealth. August 22-28，2010，University of St.Gallen，St.Gallen.

从来源方看，来源方显示为教育生产者的全部资金来源，即初始教育收入。因此，来源方的指标数据之和相当于全口径教育收入。具体来看，可以将教育生产者的资金来源（或教育融资者的支出）划分为四类，分别为经常转移/缴款、资本转移、销售收入以及其他收入。这里主要借鉴SNA收入再分配账户对机构部门初始收入的再分配过程，即通过经常转移支付与获得等将初始收入转换为该部门的可支配收入。

作为公共生产者的一般政府，其资金主要来源于政府税收、政府间拨款、部分销售收入和其他收入以及来自国际组织的投资补助：政府税收是一般政府（作为教育融资者）支持其自身教育生产活动的重要资金来源；政府间的拨款有两类，分别是本国中央政府或省级政府向低一层级政府的转移以及来自国际组织的转移；销售收入和其他收入通常指关联产品（EP2、EP3）等市场生产所得收入；此外，也有部分资金来自国际组织的投资补助。

作为私有生产者，同时具备非市场属性的NPISH，其资金主要来源于政府或国际组织的拨款、政府或国际组织的投资补助、住户或企业的特大捐赠以及部分销售收入和其他收入：政府或国际组织对NIPSH的拨款通常表现为NPISH的会员费、募捐、自愿捐赠等形式的经常转移；政府或国际组织对NPISH的投资补助通常用于NPISH的固定资本形成（如学校建筑物的投资项目）；住户或企业对NPISH的特大捐赠，主要用于向固定资本形成提供资金，如赠予大学用于修建新的供寄宿学院、实验室等费用；销售收入和其他收入只针对关联产品的市场生产，如教材供应、食宿或校车服务等。

此外，作为市场生产者的非金融公司，其资金主要来源于政府或国外的拨款，政府的投资补助以及销售收入和其他收入。其中，销售收入是其重要资金来源，因其所提供的教育产品（即教育服务和关联产品）通常都被视为市场生产。

从使用方看，可以将教育生产者的产出使用划为非市场部门产出、市场部门产出、其他支出和固定资本形成总额。根据教育生产者的不同类别，可以将教育服务的生产划为非市场部门的生产和市场部门的生产。其中，非市场部门产出主要是一般政府和NPISH以免费或无显著经济意义价格提供给住户的教育服务，通常以生产总成本衡量，即雇员报酬、中间消耗、固定资本消耗以及产品税几项之和。当非市场部门涉及次要的市场生产，如提供教育的关联产品以及其他产品（即非教育产品）时，需要考虑引入营业盈余。市场部门产出主要是由非金融公司提供给住户、需要住户支付相关费用的教育服务，通常以住户用于自我消费的获得和支付的实际量来衡量。显然，教育服务的产出总值等于非市场部门产出与市场部门产出之和。各部门提供教育服务的同时，也会产生与教育关联产品相关的支出项（即其他支出）以及与非金融资产处置相关的固定资本形成总额。此外，为了达到整个账户的平衡，还会引入一个平衡项。

综上分析，供给角度的账户重点关注教育的整个运转过程，即通过构建教育生产者账户描述教育的收入如何形成、分配再分配、消费与资本获得等。针对整个教育领域，教育生产者账户全面展示教育收入是如何产生、分配和使用的。这一账户的突出特点是：既描述教育生产者与教育融资者之间的复杂关系，即资金在教育融资者与教育生产者之间的分配或流动；又描述教育生产者提供教育产品所发生的相关支出。

（二）需求角度的账户表式

基于全口径教育卫星账户的总体框架，通过核心分类系统扩展原有“需求层”框架的核算内容（即表4-2），编制需求角度的账户标准式，如表5-3所示。

表5-3　　　　**教育消费者：教育支出表（标准式）**

教育产品	教育机构	教职员工	学生	国外	合计
特征产品					
EP1		×	×		
EP1.1		×	×		
EP1.2		×	×		
EP1.3		×	×		
EP1.4		×	×		
关联产品					
EP2		×	×		
EP2.1		×	×		
EP2.2		×	×		
EP3					
EP3.1	×				
EP3.2	×				
EP3.3	×				
EP3.4	×				
EP3.5		×	×		
EP3.6		×			
EP3.7		×			
EP3.8		×	×		
EP3.9		×	×		
EP3.10		×	×		
EP3.11	×				
全口径教育支出					
补充信息					
人数					

×：表示不适用。

资料来源：参考法国教育账户、希腊教育账户，详见附录A。

从教育消费者看，教育机构的支出购买项目包括：教育特征产品以及部分关联产品，即教育机构的总支出等于教育服务、次要服务以及相关货物和服务（除学校食堂特许经营、学校宿舍住宿服务、学校班车运输服务、学校医疗服务和牙科服务以及校服及其他工作服、专用鞋类等）几项支出之和；教职员工的支出购买等于学校食堂特许经营，学校宿舍住宿服务，学校班车运输服务，学校医疗服务和牙科服务以及校服及其他工作服、专用鞋类等几项支出之和；学生的支出购买等于学校食堂特许经营，学校宿舍住宿服务，学校班车运输服务，学校医疗服务和牙科服务，教材书、参考书、工具书等，钢笔、铅笔、纸等教育文具以及校服及其他工作服、专用鞋类等几项支出之和；国外部门的支出购买项目将包括由国外部门所承担的全部教育产品支出。需要注意的是，虽然教育机构承担了部分教育产品的支付责任，但并没有占有这些教育产品，而是将其提供给教职员工和学生。

从教育产品看，教育特征产品支出主要由教育机构承担，部分可能由国外部门承担；教育关联产品支出将由教育机构、教职员工、学生以及国外部门共同承担。显然，全部教育产品的支出总和即为全口径教育支出。此外，教职员工和学生的总人数即为教育机构的总人数。

综上分析，需求角度的账户重点关注教育支出的分配过程，即通过构建教育消费者账户描述教育支出在不同产品和不同消费者之间的分配情况。针对整个教育领域，教育消费者账户展示教育消费者的教育支出是如何被花费的。这一账户的突出特点是：详细描述实际承担教育产品支出的经济主体，而不再进行教育消费活动性质的区分。

（三）产品角度的账户表式

基于全口径教育卫星账户的总体框架，通过核心分类系统扩展原有“产品层”框架的核算内容（即表4-3），编制产品角度的账户标准式，如表5-4、表5-5所示。

表 5-4 **教育产品供给表（标准式）**

产品	教育生产者											进口	总供给：基本价格	产品税减补贴	贸易和运输加价	总供给：购买者价格
	教育行业									其他行业	产出合计					
	1.教育				2	3	…	21	小计							
	1.1	1.2	1.3	1.4												
教育产品																
特征产品																
EP1																
EP1.1																
EP1.2																
EP1.3																
EP1.4																
关联产品																
EP2																
EP2.1																
EP2.2																
EP3	教育产品产出															
EP3.1																
EP3.2																
EP3.3																
EP3.4																
EP3.5																
EP3.6																
EP3.7																
EP3.8																
EP3.9																
EP3.10																
EP3.11																
教育产品产出																
其他产品产出																
教育总产出																

资料来源：参考表 3-4。

表5-5　　　　　**教育产品使用表（标准式）**

产品	教育生产者：中间消耗										中间消耗合计	最终消费					资本形成总额	出口	总使用：购买者价格
	教育行业									其他行业		住户	政府		NPISH	最终消费小计			
	1.教育				2	3	…	21	小计				个人	集体					
	1.1	1.2	1.3	1.4															
教育产品																			
特征产品																			
EP1																			
EP1.1																			
EP1.2																			
EP1.3																			
EP1.4																			
关联产品																			
EP2																			
EP2.1																			
EP2.2																			
EP3	教育产品中间投入																		
EP3.1																			
EP3.2																			
EP3.3																			
EP3.4																			
EP3.5																			
EP3.6																			
EP3.7																			
EP3.8																			
EP3.9																			
EP3.10																			
EP3.11																			

续表

产品	教育生产者：中间消耗										中间消耗合计	最终消费					资本形成总额	出口	总使用：购买者价格
	教育行业									其他行业		住户	政府		NPISH	最终消费小计			
	1. 教育				2	3	…	21	小计				个人	集体					
	1.1	1.2	1.3	1.4															
教育产品小计	教育产品中间投入																		
其他产品																			
合计																			
教育增加值合计																			
劳动者报酬	教育产品增加值																		
生产税净额																			
固定资产折旧																			
营业盈余																			
教育总产出	教育产品产出																		
补充信息																			
劳动力投入																			
雇员																			
教师																			
其他人员																			
其他自雇者																			
固定资本形成总额																			
固定资本存量净额																			

资料来源：参考表3-5。

SNA通常会使用专门的分类方法，即按照支出发生的目的来分析各部门的消费或更一般意义的支出。这种分类称为功能分类（联合国等，2012）。从功能分类的角度出发，这一账户将产品划分为教育产品和其他产品（或非教育产品）：用于教育目的的产品被划为教育产品范畴，没有用于教育目的的产品则被划为其他产品范畴。例如，由教育生产者提供的房屋租赁活动，其产品为房屋租金。尽管房屋租金被纳入教育生产者的收入范畴，但这一产品并未直接用于教育目的。显然，由教育生产者所提供的房屋租赁活动，其产出通常被视为其他产品的产出价值。综上分析，教育产品显示为教育领域的特有产品，包括教育特征产品和教育关联产品，具体类别如表5-1所示；其他产品显示为教育生产过程中的非教育产品，通常指教育生产者所提供的次要生产活动或辅助生产活动的产品，目前本书并不打算进行其他产品的细分。

基于全口径教育行业分类框架，这一账户将教育的生产划分为教育行业的生产和其他行业的生产。正如前面所述，卫星账户中的教育生产活动将包括主要生产活动、次要生产活动以及辅助生产活动：教育生产者的主要生产活动显示为提供教育特征产品，而教育生产者的次要生产活动或辅助生产活动显示为提供教育关联产品或其他产品。显然，按照教育生产活动的特点，可以将教育的生产划分到不同的产业类别之中。其中，教育行业的生产属于关键行业，主要对应于教育生产者提供教育产品的过程，根据教育生产者提供教育产品的主要生产活动，可以将教育行业进一步划分为21个具体行业，如表5-1所示；其他行业的生产主要对应于教育生产者提供其他产品的过程，这里不进行其他行业的细分。

此外，这一账户同时考虑纳入一些补充信息，如劳动力投入、固定资本形成总额以及固定资本存量净额。例如，对于与教育生产过程存在紧密联系的劳动力投入，全口径教育卫星账户拟将劳动力投入划为两大类，分别为雇员和其他自雇者；进而可以将其分别划为教师和其他人员两个子类别。

综上分析，产品角度的账户重点关注教育的生产及消费过程，即通过构建教育产品的供给使用表描述教育产品的供应和使用情况。针对整个教育领域，教育产品账户展示教育产品从何而来，又是如何被使用的。这一账户的突出特点是：从产品层面出发，同时考察供给和需求领域的教育活动。

三、账户表式：简化式

（一）供给角度的账户表式

供给角度的账户主要反映教育生产单位对初始教育收入的再分配过程和收入使用过程，具体体现为教育生产单位如何得到融资者的资金以及教育生产单位如何使用这些资金。从数据审查的视角看，现实情况下可能无法获取表5-2的全部数据，此时需要对其部分项目予以整合，从而得到更简化的全口径教育卫星账户，即供给角度的账户简化式，如表5-6所示。

表5-6　　**供给账户：来源和使用表（简化式）**

总来源	总使用
全口径教育收入	教育服务产出（分行业） 行业1 行业2 … 其他支出 可支配收入
合计	合计

资源来源：经表5-2简化得出。

具体整合过程阐述如下：

首先，明确基本数据来源。

从表5-2的账户构成细目来看，需要获取的基本数据包括：分教育部门（即教育生产者）的经常转移/缴款、资本转移、销售收入、其他收入以及分教育部门的非市场部门产出与市场部门产出、其他支出、固定资本形成总额。鉴于现有国民账户可能无法提供教育部门收入再分配过程和收入使用过程的详细数据，需要对表5-2的大部分数据进行推算。

其次，进行数据推算处理。

来源方的数据推算。来源方数据显示为生产者的全部资金来源，这些指标数据共同构成初始教育收入。对来源方数据而言，可能无法直接获取教育生产者资金来源的细分数据，这种情况下只能以资金来源的总和来代替。基于全口径教育核算理念，初始教育收入等同于全口径教育收入。全口径教育收入是指全部教育收入来源。根据《中国教育经费统计年鉴》，全口径教育收入即为“教育经费总收入”。因此，全口径教育收入的数据来源于《中国教育经费统计年鉴》。

使用方的数据推算。使用方数据显示为产品产出的使用过程。其中，市场部门与非市场部门产出之和反映为教育服务的产出总值。这一指标数据来源于表5-4。除教育服务的产出价值外，可能无法直接获取其他来源数据，目前只能将其统一视为其他支出项目处理。

其他处理。为了达到账户的平衡，还需要引入一个平衡项，即可支配收入。不过目前无法直接获取这一数据。可以根据账户的平衡关系进行推算。即全口径教育收入等于教育服务产出、其他支出项、可支配收入等几项之和。

最后，经过对数据的推算处理，以复式账户结构展示的供给角度简化账户为表5-6。

（二）需求角度的账户表式

需求角度的账户主要反映教育需求方的全部支出在教育产品中的具体花费，具体体现为各教育消费者在不同教育产品上的支出额以及全部教育产品支出的总和。从数据审查的视角看，也需要对表5-3的部分项目予以整合，从而得到需求角度的账户简化式，如表5-7所示。

表5-7　　　　**需求账户：教育支出表（简化式）**

教育产品	教育支出
产品1	产品1支出
产品2	产品2支出
…	…
产品n	产品n支出
合计	全口径教育支出

资料来源：经表5-3简化得出。

具体整合过程阐述如下：

首先，明确基本数据来源。

从表5-3的账户构成细目来看，需要获取的基本数据包括：部分消费者的产品支出数据。显然，现有国民账户无法直观地显示每项教育产品的支出明细。账户的大部分数据可能需要进行推算。

其次，进行数据推算处理。

基于全口径教育核算理念，全口径教育支出应当等于全口径教育收入。全口径教育收入即为教育经费总收入，来源于《中国教育经费统计年鉴》。因此，全口径教育支出的相关数据来源于《中国教育经费统计年鉴》。从定义上看，教育产品支出指的是中间消耗、最终消费、资本形成以及进出口等几项指标之和，也可以视为教育产品产出。以每项教育产品的增加值份额替代其支出份额，可以间接地推算每项教育产品的支出。具体做法是，通过表5-5获取各项教育产品的产出及其增加值，计算各项教育产品增加值占教育产品总增加值的比例，然后以这一比例关系替代每项教育产品支出所占份额，用全口径教育支出乘以每项教育产品支出份额，从而推算每项教育产品的支出。

最后，经过对数据的推算处理，以支出表结构展示的需求角度简化账户为表5-7。

（三）产品角度的账户表式

产品角度的账户主要反映全口径视角下教育产品的总供给和总需求，具体体现为教育产品的总供给以及教育产品的分配使用。从数据审查的视角看，也需要对表5-4、表5-5的部分项目予以整合，从而得到产品角度的账户简化式，如表5-8所示。

表5-8　**产品账户：教育供给使用表（简化式）**

总供给	总使用
教育产品产出（分行业）	教育产品中间使用（分行业）
中间消耗	产品1
增加值	产品2
产品1	…
产品2	教育产品最终消费
…	教育产品资本形成
教育进口	教育产品出口
合计	合计

资料来源：经表5-4、表5-5简化得出。

具体整合过程阐述如下：

首先，明确基本数据来源。

从表5-4、表5-5的账户构成细目来看，需要获取的基本数据包括：教育产品和其他产品的产出、进口、产品税减补贴、贸易和运输加价、中间消耗、最终消费、资本形成、出口、增加值、劳动力投入等。教育服务的产出、进口、中间消耗、最终消费、资本形成、进出口以及增加值数据来源于《中国投入产出表》。

其次，进行数据推算处理。

可以通过引入相关调整系数，间接地衡量教育关联产品的产出、进口、中间消耗、最终消费、资本形成、进出口以及增加值数据，教育关联产品的基本数据来源于《中国投入产出表》。目前无法直接得到产品税减补贴、贸易和运输加价以及劳动力投入。由于《中国投入产出表》是以生产者价格计算的，因此可以考虑忽略产品税减补贴、贸易和运输加价。劳动力投入主要指教职员工，可以通过教师和其他工作人员人数来衡量这一指标。《中国教育统计年鉴》提供全国教职工和专任教师人数，可以将其视为教师和其他工作人员人数，间接地衡量劳动力投入。因此，劳动力投入的数据来源于《中国教育统计年鉴》。原则上，应当将其他产品的相关数据也涵盖在产品账户中。但从实际情况来看，可能无法获取其他产品的细化数据。因此，目前的产品账户并不考虑纳入其他产品的数据。

最后，经过对数据的推算处理，以复式账户结构展示的产品角度简化账户为表5-8。

四、账户分析：总量指标及平衡关系

（一）总量指标分析

全口径教育卫星账户给出衡量教育业的尽可能全面的分析性信息，包括教育的收入构成、教育的消费构成、教育活动最关注的行业构成及其与其他产业之间的关系等。同时，全口径教育卫星账户也给出衡量教育业规模的概况性指标，即总量指标。通过提供这些总量，可以开展教育与其他领域宏观经济总量的比较。

总体来看，从全口径教育卫星账户可以得到以下三个主要总量：

1.教育行业总增加值

教育行业总增加值，是以教育行业的视角描述教育业的供给特点。这一总量主要涵盖全口径教育卫星账户中教育行业的总增加值，而不论其产品产出是否全部用于教育消费，或其生产过程是否全部属于教育产品的生产。显然，这一总量可以用于计量教育行业的经济重要性。但实际上，这一总量可能要大于教育产品的总增加值，因其没有排除非教育性生产/消费的份额[①]，无法利用这一指标衡量一国教育行业直接的经济重要性。因此，教育行业总增加值被视为衡量一国教育行业经济规模的间接性总量指标。

2.教育行业直接增加值

教育行业直接增加值，是指全口径教育卫星账户中教育行业的教育增加值合计。这一总量指标也是以教育行业的视角描述教育业的供给特点。通过引入相关调整系数，可以计算教育行业总增加值中与教育产品相关的产出价值，即教育服务增加值与教育关联产品的教育增加值之和，从而界定教育行业中教育增加值的总量，即教育行业直接增加值。因此，教育行业直接增加值被视为直接衡量一国教育行业经济规模或直接经济重要性的总量指标。

3.全口径教育支出

从需求角度出发，全口径教育卫星账户侧重关注经济体内教育的消费和支出的总量，即全口径教育支出。全口径教育支出被视为考察教育消费的最广泛的总量。需要注意的是，全口径教育支出与国民账户中汇总一级最终消费的份额并不一致，因两者的覆盖范围不同。全

---

① 衡量教育关联产品的生产，需要使用相关调整系数，计算出教育关联产品生产所在行业中的教育生产份额（也是消费份额），将非教育性生产或消费所占的份额排除在外，从而得到教育关联产品的教育增加值。

口径教育支出既包括最终消费，也包括生产者的支出，而国民账户通常将生产者的支出划为生产活动的中间消费，而不作为最终需求考虑。不过，从支出法核算的视角看，汇总一级的GDP相当于“经济体内净进口最终需求的总和”（联合国等，2012）。因此，通过设置一个百分比表示全口径教育支出，可以进行汇总一级的教育活动与其他领域经济活动的比较分析。

综上分析，描述教育供给特征的总量指标包括教育行业总增加值和教育行业直接增加值，描述教育需求特征的总量指标为全口径教育支出。其中，教育行业直接增加值被视为严格描述教育行业供给重要性的主要计量指标。

（二）平衡关系分析

作为经济账户的一种，全口径教育卫星账户也需要满足账户的基本平衡关系，即账户的来源合计等于账户的使用合计。

1.账户标准式的平衡关系

供给角度的账户标准式，表5-2的平衡关系为：

经常转移/缴款 + 资本转移 + 销售收入 + 其他收入-平衡项

= 非市场部门产出 + 市场部门产出 + 其他支出 + 固定资本形成总额　（5.1）

经常转移/缴款 + 资本转移 + 销售收入 + 其他收入 = 全口径教育收入（5.2）

需求角度的账户标准式，表5-3的平衡关系式为：

教育机构支出 + 教职员工支出 + 学生支出 + 国外支出

= 教育特征产品支出 + 教育关联产品支出 = 全口径教育支出　（5.3）

教职员工人数 + 学生人数 = 教育机构人数　（5.4）

产品角度的账户标准式，表5-4和表5-5的平衡关系式为：

教育总产出 = 教育产品产出 + 其他产品产出　（5.5）

教育总产出+进口+产品税减补贴+贸易和运输加价=购买者价格教育总供给

（5.6）

中间消耗 + 最终消费 + 资本形成 + 出口 = 购买者价格教育总使用 （5.7）

购买者价格教育总供给 = 购买者价格教育总使用 （5.8）

除满足各自账户的内在平衡关系外，这三个账户标准式还将满足一个总平衡关系：

全口径教育收入 = 全口径教育支出 = 教育产品总供给/总使用 （5.9）

2.账户简化式的平衡关系

供给角度的账户简化式，表5-6的平衡关系式为：

全口径教育收入 = 教育服务产出 + 其他支出 + 可支配收入 （5.10）

需求角度的账户简化式，表5-7的平衡关系式为：

$$全口径教育支出 = \sum_{i=1}^{n} 教育产品支出 \tag{5.11}$$

产品角度的账户简化式，表5-8的平衡关系式为：

$$\sum_{i=1}^{n} 教育产品增加值 + 中间消耗 + 进口$$

$$= \sum_{i=1}^{n} 教育产品中间使用 + 最终消费 + 资本形成 + 出口 \tag{5.12}$$

其中，$i = 1, 2, \ldots, n$；n为教育产品的类别数目。

账户的简化式是根据不同来源数据进行账户内容的整合而得到的最终结果。显然，不同来源的数据可能带来统计口径、定义、分类等方面的差异。因此，账户的简化式只能满足各自账户的内在平衡关系。

综上分析，供给角度的账户表揭示教育的收入总量与生产活动之间的内在联系，需求角度的账户表揭示教育的支出总量与消费活动之间的内在联系，产品角度的账户表揭示教育的产出总量与生产活动、消费活动之间的内在联系。

第四节　方法优良性

一、评价指标体系构建

目前国际上还没有制定教育卫星账户的官方框架，因各国或区域组织在编制目标、编制视角、分类和方法以及账户结构等方面存在差异。基于各国或区域组织教育卫星账户的编制经验，通过不断整合现有方法，规避和解决现有方法缺陷，全口径教育卫星账户为各国或区域组织制定教育卫星账户以及开展教育比较提供一个可行的通用框架。不过，由于各国或区域组织教育数据的完整性不同，现实情况下无法直接进行不同编制方法的账户汇编和比较分析，论证全口径教育卫星账户的方法优良性。在此背景下，借助综合评分法，结合定性判断和定量分析，拟构建教育卫星账户评价指标体系，对教育卫星账户的不同编制方法进行打分和排序，以期系统评价全口径教育卫星账户。

基于评价指标体系的一般原则（如系统性、典型性、科学性、可比性、可操作性等），结合教育卫星账户的编制过程，构建教育卫星账户评价指标体系。这一指标体系主要由6项评价指标构成，分别为编制目标、编制视角、分类体系、计量方法、账户结构以及数据基础。其中，编制目标反映其使用对象的广泛性；编制视角反映其考量活动的全面性；分类体系反映其分类方法的健全性；计量方法反映其估算总量的准确性；账户结构反映其核算框架的通用性；数据基础反映其现实数据的可获取性。

按照教育卫星账户的一般编制流程，将上述6项评价指标划为3组，分别为“事前：编制准备”“事中：编制技术”“事后：数据审查”。其中，编制目标和编制视角被划为组1（事前：编制准备）；分类体系、计量方法以及账户结构被划为组2（事中：编制技术）；数据基础被划为组3（事后：数据审查）。

基于经验判断，确定整体权重和区间定值：按照控制过程中事前控制、事中控制、事后控制其强度依次降低，将6项评价指标的权重分别设置为0.3、0.3、0.2、0.05、0.1、0.05（权重总和为1）；根据不同评价指标所反映因素的影响程度不同，将6项评价指标按照评价因素从低到高依次确定为3个区间定值，分别为“0~2”“3~5”“6~8”（分值区间为0~8）。教育卫星账户评价指标体系及其打分标准如表5-9所示。

表5-9 **教育卫星账户评价指标体系**

评价指标	基本分类	权重	评价因素	分值：0~8
编制目标	事前：编制准备	0.3	使用对象：本国次级区域	0~2
			使用对象：本国	3~5
			使用对象：世界各国或区域组织	6~8
编制视角		0.3	单一维度：从1个角度考量	0~2
			双重维度：从2个角度考量	3~5
			多维度：从2个以上角度考量	6~8
分类体系	事中：编制技术	0.2	没有涉及分类方法	0~2
			涉及部分分类方法	3~5
			涉及全部分类方法	6~8
计量方法		0.05	没有估算总量指标	0~2
			间接估算总量指标	3~5
			直接估算总量指标	6~8
账户结构		0.1	没有参考国家/国际核算框架	0~2
			参考国家级/省级核算框架	3~5
			参考国际/区域组织核算框架	6~8
数据基础	事后：数据审查	0.05	没有现实数据支持	0~2
			部分现实数据支持	3~5
			全部现实数据支持	6~8

二、评估结果基本分析

从教育卫星账户的国内外研究看，目前主要有11种教育卫星账户的编制方法。各方法概述如下：

方法1：教育和培训卫星账户（Satellite Account for Education and Training）。由UNECE（2016）提出这一方法。

方法2：法国教育账户（The French Education Account）。由Jeljoul等（2011）提出这一方法。

方法3：葡萄牙教育卫星账户（Satellite Account for Education for Portugal）。由Quintela（2007）提出这一方法。

方法4：意大利教育卫星账户（Italian Education Satellite Account）。由Di Veroli和Tartamella（2010）提出这一方法。

方法5：荷兰教育和人力资本卫星账户（A National Accounts Satellite for Human Capital and Education）。由Bos（2011）提出这一方法。

方法6：希腊教育卫星账户（Satellite Accounts for Education, Greece）。由Diakomihalis（2014）提出这一方法。

方法7：美国教育卫星账户（An Education Satellite Account, USA）。由Abraham和Mackie（2005）提出这一方法。

方法8：挪威人力资本卫星账户（A Stylized Satellite Account for Human Capital, Norway）。由Liu（2015）提出这一方法。

方法9：澳大利亚人力资本积累账户（An Experimental Accumulation Account for Human Capital for Australia）。由Wei（2008）提出这一方法。

方法10：教育卫星综合账户。由李金华（2008）提出这一方法。

方法11：人力资本卫星账户。由李闻闻（2015）提出这一方法。

将全口径教育卫星账户作为第12种方法。接下来，对上述12种方法进行综合评价。依据表5-9的评分标准对12种编制方法分别进行人工赋值，估算12种方法的得分，并按照得分从高到低排序，评分结果如表5-10所示。此外，根据教育卫星账户的基本类型，标明12种编制方法所对应的卫星账户类型。

表5-10　　**教育卫星账户编制方法综合评分**

编制方法	评价指标						总分	账户类型
	编制目标	编制视角	分类体系	计量方法	账户结构	数据基础		
方法12	2.1	2.4	1.6	0.4	0.8	0.25	7.55	1
方法1	2.1	1.5	1.6	0.4	0.8	0.35	6.75	1
方法5	1.5	1.5	1.6	0.25	0.8	0.4	6.05	2
方法4	1.5	1.5	1.6	0.35	0.8	0.1	5.85	1
方法11	1.5	2.1	1	0.25	0.5	0.3	5.65	2
方法10	1.5	1.5	1	0.4	0.5	0.1	5	1
方法3	1.5	0.6	1.6	0.4	0.8	0.1	5	1
方法2	1.5	0.6	1.4	0.4	0.5	0.4	4.8	1
方法6	0.6	1.5	1	0.4	0.7	0.4	4.6	1
方法8	1.5	0.6	1	0.25	0.8	0.1	4.25	2
方法9	1.5	0.6	0.4	0.25	0.8	0.3	3.85	2
方法7	1.5	0.6	0.4	0.25	0.5	0.1	3.35	2

1：账户类型为教育卫星账户；2：账户类型为扩展的教育卫星账户。

从表5-10可以发现，目前综合评分最高的为方法12，即全口径教育卫星账户编制方法，综合评分最低的为方法7，即美国教育卫星账户编制方法。考虑到不同类型的卫星账户差别，分别考察教育卫星账户编制方法以及扩展的教育卫星账户编制方法。针对教育卫星账户，目前综合评分最高和最低的分别为方法12和方法6。针对扩展的教育卫星账户，目前综合评分最高和最低的分别为方法5和方法7。根据综合评分，全口径教育卫星账户被视为目前适用于教育卫星账户的最佳方法。

三、方法优良性探究

为了系统评价全口径教育卫星账户，拟根据6项评价指标的得分，重点探讨全口径教育卫星账户的方法优良性。

1.编制目标

编制目标的设定，反映卫星账户使用对象是否广泛。从表5-10可以发现，目前使用对象最为广泛的是方法12和方法1，编制方法主要为世界各国或区域组织应用。其他方法中，除了方法6适用于本国次级区域，其他方法均适用于本国自身。显然，大部分的教育卫星账户存在使用对象局部性的缺陷，即大部分编制方法侧重应用于国家层面或国内次级区域。而全口径教育卫星账户通过规避现有编制方法使用对象的局部性，将编制目标设定得更广泛，即卫星账户的使用对象被扩展为世界各国或区域组织。

2.编制视角

编制视角的设定，反映卫星账户考量活动是否全面。从表5-10可以发现，目前考量活动最全面的是方法12和方法11，编制方法从两个以上角度考量活动，即采用多维度的研究思路。其他方法选择从一或两个角度考量活动，即采用单一维度或双重维度的研究思路。显然，大部分的教育卫星账户存在考量活动片面性的缺陷，即大部分编制方法侧重从一或两个角度（即供给、产品）考察活动，缺乏其他角度的阐述。全口径教育卫星账户通过规避现有编制方法考量活动的片面性，将编制视角设定得更全面，即卫星账户采用多维度的研究思路，从供给、需求以及产品等三个不同角度考量活动。

3.分类体系

分类体系的设定，反映卫星账户分类方法是否健全。从表5-10可以发现，大部分编制方法采用一系列分类方法，进行生产者、融资者以及产品的划分。也有国家或区域组织对教育活动、教育等级、消费者等进行细分类，如方法2、方法6、方法10和方法12。不过，也有国家或区域组织没有设计相关分类方法，如美国（方法7）、澳大利亚（方法9）。分类方法将决定卫星账户描述内容的详略程度。在已有分类方法的基础上，全口径教育卫星账户通过填补现有编制方法在分类上的空白和缺失，如引入教育消费者分类，细化教育产品和生产者的细分类，将分类体系设定得更健全，即卫星账户纳入更细化和更全面的分类方法。

4.计量方法

计量方法的设定，反映卫星账户估算总量是否准确。从表5-10可以发现，大部分编制方法都进行总量指标的直接估算或间接估算。不过，这些编制方法可能无法选取完全一致的总量估计方法，间接导致不同编制方法进行总量比较的局限性。借鉴目前的估算方法，全口径教育卫星账户通过提供教育行业总增加值、教育行业直接增加值以及全口径教育支出等不同总量，将计量方法设定得更准确，即卫星账户根据现实数据进行教育总量的灵活计算。

5.账户结构

账户结构的设定，反映卫星账户核算框架是否通用。从表5-10可以发现，目前大部分编制方法都参考国际核算框架进行结构设计。不过，也有部分方法参考国家核算框架进行结构设计，如方法2、方法7、方法10和方法11。不同的框架结构，反映各国或区域组织教育系统存在差异。供给使用表结构是SNA提供的一种国际通用的框架结构，因此大部分的编制方法都选择参考这一结构进行账户的设计。不过，像法国、美国等提供的框架结构也有优点，如法国“二维交叉”分类表结构有利于卫星账户呈现更多的细化内容，美国NIPAs结构有利于计算教育部门的生产率变化。全口径教育卫星账户通过整合现有编制方法的核算框架，提供供给、需求以及产品三个不同角度的账户，使核算框架兼具全面性和灵活性两个特点，使其成为国际通用的核算框架。

6.数据基础

数据基础的设定，反映卫星账户现实数据是否能够获取。从表5-10可以发现，除了方法2、方法5以及方法6能够完全获取全部教育数据外，大部分编制方法只能获取部分教育数据。数据基础不同，反映各国或区域组织教育数据的完整性和细化程度存在差异。目前法国、希腊和荷兰基于本国的详细教育数据，进行教育或人力资本卫星账户的实际汇编。与大部分编制方法一样，全口径教育卫星账户也存在教育数据不完整的弊端。显然，现实数据的可获取性差，是全口径教育卫星账户亟须解决的问题之一。

以上分析论证了全口径教育卫星账户的方法优良性：全口径教育卫星账户通过规避现有编制方法的缺陷（如使用对象局部性、考量活动片面性），填补现有编制方法的内容空白（如使用更详细和更全面的分类），不断整合现有编制方法（如结合现有估算方法灵活计算总量指标、整合现有核算框架灵活设置账户结构），为教育领域卫星账户的编制提供一个全面和灵活的方法框架。

显然，全口径教育卫星账户具备两个明显优势：一方面，为各国或区域组织收集、汇编和分析教育统计数据提供有力工具。各国或区域组织可以通过这一卫星账户修正教育领域的产品类别，根据新的分类细目收集、整理教育统计数据，促使教育数据库获取更丰富、更高质量的数据。另一方面，为各国或区域组织监测、分析教育部门以及制定相关政策提供重要途径。各国或区域组织得以通过这一卫星账户获取以下信息：分别为教育融资者和其提供的资金来源类型、资金的去向（即教育生产者、消费者和产品的类别）以及教育的受益者或使用者。在此基础上，各国或区域组织得以利用这些数据监测和分析教育部门，制定相关经济政策，促进教育体系的长期发展。但鉴于现实教育数据的获取可能并不理想，全口径教育卫星账户的普遍应用并非易事。这一缺陷也是现有教育卫星账户编制方法无法推广到国际层面予以应用的重要原因之一。综上分析，全口径教育卫星账户可以为教育卫星账户的编制提供一个可行、通用的参考方法。

不过，借助综合评分法进行方法优良性探究也存在局限性。由于打分过程均为主观判断，可能难以避免主观因素导致的偏差。在缺乏完整教育数据予以实证分析的情况下，目前只能通过这一方法进行不同编制方法的比较分析，以更直观的量化结果考察不同编制方法的优势与不足，系统评价全口径教育卫星账户。

第五节　教育指标体系

一、背景

高质量的教育统计数据有利于有效开展教育部门的监测和政策制定。基于不同的发展理念与特点，目前部分国际组织已经构建各自不同的教育指标体系（张振助，2009），建立相应的教育数据库，如公共支出审查（Public Expenditure Review，PER）、BOOST倡议、NEA、国家教育状况报告（Education Country Status Reports，CSRs or RESEN）、UNESCO、OECD及Eurostat年度教育财政数据。不过，不同的教育数据库可能在设计目标、主要用途、应用程度等方面存在差异。在使用上述数据库进行教育统计数据的收集、汇编以及分析过程中，可能难以避免不同数据库的局限性。

从全口径教育卫星账户的数据审查视角看，目前国际上主要教育数据库可能无法满足其更全面的数据要求，因为目前的教育指标体系多集中于按照从教育投入到产出过程进行教育的描述与分析（徐玲，2004），缺乏对其他教育过程的描述。全口径教育卫星账户的编制主要依据投入产出表、教育经费统计年鉴等。不过，投入产出表无法做到及时发布各年度数据，这可能会影响卫星账户的数据时效性；教育经费统计年鉴虽然发布各年度数据，但无法按照卫星账户的行业及产品分类进行细化数据的收集。

显然，目前可利用的经济统计数据已经无法满足全口径教育卫星账户的数据要求。在此背景下，有必要构建新的教育指标体系，为全口径教育卫星账户提供实时数据，通过更详细的数据跟踪教育业的趋势并进行相关经济分析、教育政策规划等。

二、主要内容

教育指标是对教育系统的一种量化表现形式。通过构建教育指标体系，收集和汇编相关教育统计数据，可以为教育系统提供丰富的数据资源信息，开展相关经济分析、判断教育发展程度以及制定教育政策决策等。

与以往的教育指标体系不同，拟构建的教育指标体系更重视对不同教育过程的详细阐述。参考旅游指标体系的构建原理（黎洁，2012），拟构建的教育指标体系将从全口径教育卫星账户出发，详细发布教育产品的供给、教育产品的支出、教育活动产生的直接就业以及教育业增加值等年度指标。

总体来看，教育指标体系将包括以下四部分内容：

第一部分拟发布教育产品的供给数据。主要指教育产品的供给量。通常以价值量形式展示，即教育总供给以教育系统的总收入来衡量。

第二部分拟发布教育产品的支出数据。主要指教育产品的消费支出。可以通过开展教育产品的消费调查来衡量教育产品的支出。

第三部分拟发布教育活动产生的直接就业数据。主要指由教育活动引起的直接就业。可以通过投入产出表中教育及其相关行业的生产率来估算。

第四部分拟发布教育业增加值数据。主要指全口径教育行业教育增加值的总和。基于增加值测算方法，可以通过全口径教育行业的总投入与中间消耗的差额来衡量。

拟构建的教育指标体系（如表5-11所示）将采用与全口径教育卫星账户基本一致的产品分类，即教育产品拟包括3大类、17个类目。大部分教育产品由教育行业提供生产，也有部分产品由非教育行业提供生产。不过，在实际数据收集过程中，可能无法做到完全涵盖所有的教育产品。

表5-11　　**教育指标体系的教育产品分类方法**

产品分类	描述
教育服务	学前和初等教育；中等教育；中等后教育和高等教育；其他教育培训
次要服务	R&D；教育相关公共行政管理服务
相关货物和其他服务	学校食堂特许经营；学校宿舍住宿服务；学校班车运输服务；学校医疗服务和牙科服务；学校建筑物建筑和维护服务；教材书、参考书、工具书等；钢笔、铅笔、纸等教育文具；计算机和教育配套软件；体育用品、器材；其他教学专用设备；校服及其他工作服、专用鞋类

资料来源：参考表5-1。

三、与教育卫星账户的联系与区别

总体来看，教育指标体系可以为全口径教育卫星账户提供更加丰富的教育信息，它与全口径教育卫星账户共同用于揭示教育领域的经济活动特征，分析国民经济行业中教育业的发展趋势，进而有助于一国政府制定更有效的教育政策。

不过，拟构建的教育指标体系与全口径教育卫星账户也存在细微差别。尽管教育指标体系与全口径教育卫星账户提供一些相同指标，如教育支出、教育增加值等。不过，受到教育数据收集程度的影响，目前教育指标体系所提供的教育指标，其统计口径可能要小于全口径教育卫星账户，这也造成两者统计指标的不同。此外，相比于教育指标体系，目前的全口径教育卫星账户并没有涉及教育活动就业方面的信息，而仅给出与教育相关的劳动力投入。

综上分析，从全口径教育卫星账户出发，结合旅游指标体系的设计原理，提出构建教育指标体系的初步设想。这一指标体系由教育产品的供给、教育产品的支出、教育活动产生的直接就业以及教育业增加值等在内的年度指标构成。不过，目前的教育指标体系侧重于理论构建过程，并没有提供详细的指标数据构成、数据汇编技术以及数据质量评估等研究内容。为了更好地利用这一教育指标体系，进一步研究将着重探讨技术操作层面。

第六节　总结

从编制技术入手，按照确定编制准备工作、建立核心分类、明确计量问题、编制和分析具体账户表以及提出教育数据库设想的研究思路，本章重点阐述编制全口径教育卫星账户的技术问题。

从技术层面看，全口径教育卫星账户的编制包括：建立由教育融资者分类、教育生产者分类、教育消费者分类以及教育产品分类构成的核心分类系统，编制全口径教育卫星账户的标准式和简化式，提供用以衡量教育业概念的教育行业总增加值、教育行业直接增加值以及全口径教育支出等总量，揭示全口径教育卫星账户的平衡关系。此外，还根据全口径教育卫星账户的数据需求构建教育指标体系。借助综合评分法，通过构建教育卫星账户评价指标体系，最终论证全口径教育卫星账户的方法优良性：一是规避现有编制方法的缺陷；二是填补现有编制方法的内容空白；三是不断整合现有编制方法。因此，全口径教育卫星账户可以为教育卫星账户的编制提供一个可行的、通用的参考方法。

第六章

中国教育卫星账户的编制及应用

全口径教育卫星账户的提出，为相关经济分析研究提供有力工具。基于全口径教育卫星账户的理论构建和编制设计，本章将以中国为例，深入探讨全口径教育卫星账户的编制及应用，包括中国教育卫星账户的试编以及教育业的经济分析两方面。

第一节　中国教育卫星账户的试验编制

一、中国教育卫星账户编制准备

（一）数据基础和局限性分析

目前中国官方核算体系并未专门设置“卫星账户”，因此大部分领域的卫星账户研究，其关注者主要以学术界为主。卫星账户编制对数据基础要求相对较高，因此当前中国卫星账户核算面临的一个突出问题是数据基础相对薄弱，尤其是各领域支出方面信息有限。

对教育领域而言，中国官方教育统计数据主要反映了教育事业发展基本情况，提供如学校数、在校学生数、招生数、毕业生数、教职工数和专任教师数、教育经费总投入及国家财政性教育经费等主要指标。此外，中国国民经济核算体系也提供了教育行业增加值数据。从教育统计基本数据源看，教育领域大部分数据以提供实物量指标为主。而由于教育活动的非市场属性明显，目前国民经济核算对其采用投入成本法进行产出计量。

显然，目前中国官方教育统计数据对于构建教育卫星账户存在局限性。虽然国家统计局提供了国家财政性教育经费等反映教育经费统计的数据信息，但并没有从产品角度提供消费支出数据，因此对中国实践全口径教育卫星账户概念性框架来说，目前可能以构建教育产品供求分析框架为主，其他分析框架的实践需要进一步改善教育数据调查制度等方面的支持。因此，本书以建立中国教育卫星账户：产品分析框架为基本目标。

（二）账户编制思路

鉴于现有中国教育统计数据的局限性，本章拟结合产品角度的账户：简化式编制整合过程，进行中国教育卫星账户：产品表的编制。正如前面所述，产品表的基本数据主要来源于投入产出表，但《中国投入产出表》通常每隔五年而非连续编制①，因此本章拟将全国投入产出表发布年份定义为“基准年”（这里主要指2017、2018和2020等年份），非发布年份定义为“非基准年”（这里主要指2015、2016、2019、2021等年份）。

基于此，本章拟重点编制2015—2021年中国教育生产账户：产品供给表②，开展基于中国投入产出表数据的基准年账户编制以及非基准年账户推算工作。针对基准年，由于投入产出表提供了较为详细的部门分类，因此中国教育卫星账户具体行业部门的基本数据（如总产出、增加值以及中间消耗）可直接获取，然后引入教育调整系数这一辅助指标计算全口径教育业增加值等总量，进而编制基准年账户；针对非基准年，由于目前中国并没有编制这些年份的投入产出表，无法直接获取具体行业部门的基本数据，非基准年份需要结合《中国统计年鉴》以及其他相关年鉴，并通过引入增加值率、增加值结构系数、教育调整系数等辅助指标进行数据推算，进而编制非基准账户。整体编制思路如图6-1所示。

---

① 我国从1987年开始，一般逢2和7年份开展全国投入产出调查，同时编制全国投入产出基本表，逢0和5年份编制全国投入产出延长表。

② 由于数据限制，除《中国统计年鉴》提供了2015—2023年大部分基本数据外，其他数据来源（如教育部教育统计数据、《全国科技经费投入统计公报》、《新闻出版产业分析报告》）仅能提供2015—2021年基本数据。因此本章目前主要编制了2015—2021年中国教育生产账户：产品供给表。

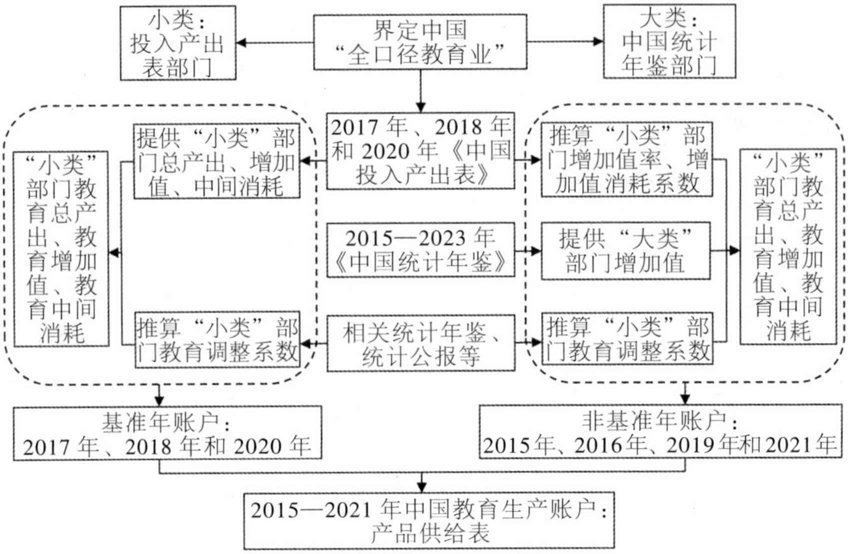

图6-1　中国教育卫星账户供给表编制思路

具体编制过程阐述如下：

首先，明确中国教育卫星账户的统计口径，提出“中国全口径教育业”的全新概念。基于这一定义进行卫星账户的教育产业/产品划分，进一步明确教育的“大类”和“小类”。

其次，编制基准年教育卫星账户。具体编制分为三步：一是基于2017年、2018年和2020年中国投入产出表，分别获取与中国“全口径教育业”相关的教育“小类”部门总产出、增加值以及中间消耗；二是基于“小类”部门教育活动特色，结合相关产业统计年鉴推算其教育调整系数；三是利用“小类”部门教育调整系数进一步修正其总产出、增加值以及中间消耗，最终获取教育总产出、教育增加值以及教育中间消耗，得到基准年教育产品供给表。

最后，编制非基准年教育卫星账户。具体编制分为四步：一是基于2018—2023年中国统计年鉴，获取与“中国全口径教育”相关的教育“大类”部门增加值；二是基于2017年、2018年和2020年中国投入产出表，分别计算“小类”部门增加值率、增加值结构系数，进一步推算非基准年“小类”部门增加值率和增加值结构系数；三是结合相关产业统计年鉴推算非基准年的“小类”部门教育调整系数；四是结合非基准年的“小类”部门增加值率、增加值结构系数以及教育调整系数，进一步修正“大类”部门增加值，推算得出“小类”部门教育总产出、教育增加值以及教育中间消耗，编制得出非基准年教育产品供给表。

经过上述过程最终编制2015—2021年中国教育生产账户：产品供给表。

二、中国教育卫星账户编制过程

（一）界定中国“全口径教育业”

科学界定中国“全口径教育业”的概念和边界，是编制中国教育卫星账户以及进行相关经济分析的前提和基础。

从全口径教育核算理念出发，结合全口径教育卫星账户的教育生产者/教育产品分类（即表5-1）、我国国民经济行业分类以及投入产出表部门分类等，拟将中国“全口径教育业”定义为：以教育供给为基础，以教育服务的生产为核心，以与“教育功能”相关的货物和服务生产为带动，最终形成多元化、全方位的教育业供给，建立包括提供教育服务、高校R&D服务、学校餐饮服务、学校住宿服务、校舍建设服务、学校图书以及学校计算机设备等在内的综合产业体系。

中国“全口径教育业”是对国民账户教育部门及其经济活动的重新界定，且从“产业”视角出发进行教育部门的全口径界定，可以为编制中国教育生产账户：产品供给表提供重要的产业和产品分类依据。结合中国国民经济行业分类、投入产出表部门分类等，本章最终建立了涵盖7个具体部门的教育产业分类以及相应的教育产品分类，如表6-1所示。

表6-1　　**中国教育生产账户：教育产业分类和教育产品分类**

代码	全口径教育业		教育产品	
1	核心产业	教育	核心产品	教育服务
2	相关产业	高等院校R&D	相关产品	高校R&D服务
3		学校餐饮		学校餐饮服务
4		学校住宿		学校住宿服务
5		学校房屋建筑		校舍建设服务
6		学校图书出版		学校图书
7		学校计算机		学校计算机设备

资料来源：作者对《2017年中国投入产出表》《2018年中国投入产出表》《2020年中国投入产出表》《国民经济行业分类》（GB/T 4754—2017）整理得出。

为了实现不同分类标准的部门对接，本章将上述7个具体部门与《中国投入产出表》和《中国统计年鉴》的部门进行链接，并进一步对全口径教育业进行教育的“大类”部门和“小类”部门界定，将《中国统计年鉴》的部门界定为7个部门所属“大类”,《中国投入产出表》的部门界定为7个部门所属“小类”，如表6-2所示。

具体部门阐述如下：

（1）教育

与中国投入产出表教育部门（83140）、国民经济行业分类教育业（P，83）保持一致。这里指教育产业提供教育服务。

表6-2　　全口径教育业："大类"和"小类"部门划分

全口径教育业	中国统计年鉴部门：大类	中国投入产出表部门：小类
教育	教育（P）	教育（83140）
高等院校R&D	科学研究和技术服务业（M）	研究和试验发展（73132）
学校餐饮	住宿和餐饮业（H）	餐饮（62120）
学校住宿	住宿和餐饮业（H）	住宿（61119）
学校房屋建筑	建筑业（E）	房屋建筑（47101）/ 住宅房屋建筑（47101a） 体育场馆和其他房屋建筑（47101b）
学校图书出版	文化、体育和娱乐业（R）	新闻和出版（86143）
学校计算机	制造业（C）	计算机（39088）

注：（1）中国统计年鉴部门括号内容代表2017年版本国民经济行业分类对应门类；投入产出表部门括号内容分别代表2017年、2018年和2020年投入产出表对应部门分类代码；（2）2017年投入产出表房屋建筑（47101）进一步扩展为2018年和2020年投入产出表住宅房屋建筑（47101a）与体育场馆和其他房屋建筑（47101b）两个部门。

（2）高等院校R&D

隶属于中国投入产出表研究和试验发展部门（73132）、国民经济行业分类研究和试验发展业（M，73），但口径并不一致。这里指高等院校提供R&D服务。

（3）学校餐饮

隶属于中国投入产出表餐饮部门（62120）、国民经济行业分类餐饮业（H，62），但口径并不一致。这里指学校提供餐饮服务。

（4）学校住宿

隶属于中国投入产出表住宿部门（61119）、国民经济行业分类住宿业（H，61），但口径并不一致。这里指学校提供住宿服务。

（5）学校房屋建筑

隶属于中国投入产出表房屋建筑（47101）/住宅房屋建筑（47101a）与体育场馆和其他房屋建筑（47101b）、国民经济行业分类房屋建筑业（E，47），但口径并不一致。这里指学校提供校舍建设服务。

（6）学校图书出版

隶属于中国投入产出表新闻和出版部门（86143）、国民经济行业分类新闻和出版业（R，86），但口径并不一致。这里指学校提供图书。

（7）学校计算机

隶属于中国投入产出表计算机部门（39088）、国民经济行业分类计算机、通信和其他电子设备制造业（C，39），但口径并不一致。这里指学校提供计算机设备。

（二）数据来源及说明

1.基准年/非基准年账户所需基本数据及来源

编制中国教育生产账户：产品供给表所需基本数据包括总产出、增加值以及中间消耗。其中，基准年账户所需基本数据为“小类”部门的总产出、增加值以及中间消耗数据，可通过国家统计局发布的《2017年中国投入产出表》《2018年中国投入产出表》《2020年中国投入产出表》直接获取①；非基准年账户所需基本数据为“大类”部门的增加值，可通过2018—2023年《中国统计年鉴》直接获取②。

2.基准年/非基准年账户所需推算数据及来源

编制中国教育生产账户：产品供给表所需推算数据包括非基准年账户“小类部门”的总产出、增加值及中间消耗数据，以及基准年/

① 这里的总产出和中间消耗分别对应于投入产出表的总投入和中间投入。
② 这里的增加值对应于《中国统计年鉴》的分行业增加值。

非基准账户“小类”部门的教育总产出、教育增加值以及教育中间消耗。其中，前者需借助增加值率、增加值结构系数等辅助指标进行推算，两个指标推算所需数据来源于国家统计局发布的《2017年中国投入产出表》《2018年中国投入产出表》《2020年中国投入产出表》；后者需借助教育调整系数辅助指标进行推算，这一指标推算所需数据来源于2018—2023年相关产业统计年鉴，如《中国教育统计年鉴》《全国科技经费投入统计公报》《新闻出版产业分析报告》等。

（三）辅助指标推算

为了计算全口径教育业增加值，基于投入产出分析方法，引入增加值率、增加值结构系数以及教育调整系数三个重要辅助指标，对缺失数据进行推算处理。

1.教育调整系数

对“小类”部门而言，并非全部经济活动都与“教育功能”相关。正如前面所述，除教育部门与其“小类”部门统计口径保持一致外，其余6个部门的口径均小于其“小类”部门。此时，需要引入适合的系数剥离出“小类”部门与教育相关部分。

借鉴旅游业“剥离系数”[①]的概念，本章拟引入“教育调整系数”用以推算“小类”部门的教育增加值构成。教育调整系数是指教育活动产生的增加值在所在行业部门[②]增加值中的比重。用公式表示为：

$$AC_{ij}=\frac{EVA_{ij}}{VA_{ij}} \tag{6.1}$$

式中：

AC_{ij}指“小类”部门的教育调整系数；

① 李江帆和李美云（1999）首次提出“旅游消费剥离系数”的概念，把含游客消费的服务行业提供的增加值中旅游者消费部分所占的比重称为该行业的旅游消费剥离系数。

② 这里指表6-2的“小类”部门。

EVA_{ij}指“小类”部门的教育增加值；

VA_{ij}指“小类”部门增加值；

i指7个具体部门所属“小类”，j指7个具体部门所属“大类”，且$\sum i = j$。

遵循表6-1的部门代码，本章详细阐述了“小类”部门的教育调整系数推算过程：

（1）教育

中国“全口径教育业”的核心产业反映为全部教育活动，无需进行剥离，或教育调整系数为1。

（2）高等院校R&D

针对R&D服务，目前只将高等院校的R&D服务视为与教育功能相关，因此可以通过计算与高等院校相关的R&D投入占全部R&D的比重来推算教育调整系数。实际计算过程中，可以采用高等院校的R&D经费支出占全国R&D经费支出的比例来推算，间接衡量与高等院校相关的R&D投入比例。

（3）学校餐饮

与R&D部门类似，需要通过计算与教育相关的餐饮服务投入占全部餐饮服务的比重来推算教育调整系数。实际计算过程中，由于缺乏这方面的数据支持，拟采用实物量指标进行替代，即以全国学生和教工食堂建筑面积的总和占全国房屋竣工面积的比重来推算，间接衡量与教育相关的餐饮服务投入比例。

（4）学校住宿

与餐饮部门类似，本章也采用实物量指标进行教育调整系数的计算，即以全国学生和教工宿舍建筑面积的总和占全国房屋竣工面积的比重来推算，间接衡量与教育相关的住宿服务投入比例。

（5）学校房屋建筑

针对房屋建筑部门，同样采用了实物量指标进行教育调整系数的计算，即以全国学校建筑面积的总和占全国房屋竣工面积的比重来推算，间接衡量与教育相关的校舍建设服务投入比例。

（6）学校图书出版

针对图书出版部门，采用实物量指标进行教育调整系数的推算，即以全国学校图书总数占全国图书总印数的比重来推算，间接衡量与教育相关的学校提供图书活动的投入比例。

（7）学校计算机

由于计算机设备通常被划为学校固定资产范畴，因此为了计算计算机部门的教育调整系数，可以采用教育全社会固定资产投资占全社会固定资产投资的比重来衡量与教育相关的学校提供计算机设备活动的投入比例。

结合相关产业统计年鉴，最终测算得出2015—2021年“小类”部门的教育调整系数，如表6-3所示。

表6-3　　**2015—2021年教育调整系数计算**

年份＼部门代码	1	2	3	4	5	6	7
2015	1.000	0.070	0.039	0.166	0.710	0.841	0.019
2016	1.000	0.068	0.041	0.172	0.741	0.851	0.021
2017	1.000	0.072	0.044	0.180	0.781	0.835	0.024
2018	1.000	0.074	0.047	0.189	0.830	0.803	0.024
2019	1.000	0.080	0.050	0.200	0.889	0.826	0.027
2020	1.000	0.077	0.054	0.217	0.973	0.877	0.030
2021	1.000	0.078	0.051	0.205	0.940	0.794	0.032

注：表中数据缩略显示为三位小数，实际计算过程均使用原始数据值。

2.增加值率和增加值结构系数

基于投入产出原理可知，短期内经济结构变化不大。因此，可以通过引入“增加值率”“增加值结构系数”两个辅助指标，并假定短期内经济结构保持不变，分别利用2017年、2018年和2020年（即基准年）增加值率和增加值结构系数来替代临近年份（即非基准年）的增加值率和增加值结构系数。

（1）行业增加值率

行业增加值率是指国民经济各行业（或部门）的增加值占该行业总产出的比重，这里指“小类”部门增加值占该部门总产出的比重。用公式表示为：

$$R_{VA_{ij}} = \frac{VA_{ij}}{GO_{ij}} \tag{6.2}$$

式中：

$R_{VA_{ij}}$ 指“小类”部门的增加值率；

VA_{ij} 指“小类”部门的增加值；

GO_{ij} 指“小类”部门的总产出；

i 指 7 个具体部门所属“小类”，j 指 7 个具体部门所属“大类”，且 $\sum i = j$。

（2）行业增加值结构系数

行业增加值结构系数是指国民经济各部门增加值各项占该部门增加值合计的比重（国家统计局国民经济核算司，2015），这里指“小类”部门增加值占“大类”部门增加值合计的比重。用公式表示为：

$$SC_{VA_{ij}} = \frac{VA_{ij}}{VA_j} \tag{6.3}$$

式中：

$SC_{VA_{ij}}$ 指“小类”部门的增加值结构系数；

VA_{ij} 指“小类”部门的增加值；

VA_j 指“大类”部门的增加值；

i 指 7 个具体部门所属“小类”，j 指 7 个具体部门所属“大类”，且 $\sum i = j$。

基于式（6.2）和式（6.3），首先计算2017年、2018年和2020年“小类”部门的增加值率和增加值结构系数，再进行非基准年份的指标推算。基于短期经济结构不变的假设，2015—2016年“小类”部门的增加值率和增加值结构系数拟按照2017年对应指标值进行假定；基于同样的假设，将2019年和2021年“小类”部门的增加值率和增加值结构系数分别按照2018年和2020年对应指标值进行假定。

经过测算，2015—2021年“小类”部门增加值率和增加值结构系数如表6-4所示。

表6-4　**2015—2021年增加值率、增加值结构系数计算**

指标	部门代码 年份	1	2	3	4	5	6	7
增加值率	2015—2017	0.713	0.428	0.345	0.418	0.244	0.357	0.121
	2018—2019	0.705	0.425	0.337	0.412	0.244	0.360	0.116
	2020—2021	0.701	0.414	0.322	0.402	0.239	0.369	0.115
增加值结构系数	2015—2017	1.000	0.307	0.742	0.258	0.594	0.101	0.011
	2018—2019	1.000	0.332	0.732	0.268	0.562	0.088	0.009
	2020—2021	1.000	0.341	0.773	0.227	0.453	0.096	0.010

注：表中数据缩略显示为三位小数，实际计算过程均使用原始数据值。

（四）主要总量指标计算

中国教育卫星账户的主要总量指标包括全口径教育业总产出、增加值和中间消耗，可以通过基准年/非基准年“小类”部门教育总产出、教育增加值和教育中间消耗计算分别得出。

1.基准年“小类”部门教育总产出、教育增加值和教育中间消耗计算

$$EGO_i = GO_i \times AC_i \tag{6.4}$$

$$EVA_i = VA_i \times AC_i \tag{6.5}$$

$$EIC_i = EGO_i - EVA_i \tag{6.6}$$

式中：

EGO_i、EVA_i、EIC_i分别指“小类”部门的教育总产出、教育增加值以及教育中间消耗；

GO_i、VA_i、IC_i分别指中国投入产出表对应行业部门的总产出、增加值以及中间消耗；

AC_i指“小类”部门教育调整系数；

$i = 1, 2, \cdots, 7$指7个具体部门（即“小类部门”）/中国投入产出表对应行业部门。

2.非基准年“小类”部门教育总产出、教育增加值和教育中间消耗计算

$$EGO_{ij} = \frac{VA_j \times SC_{VA_{ij}}}{R_{VA_{ij}}} \times AC_{ij} \tag{6.7}$$

$$EVA_{ij} = VA_j \times SC_{VA_{ij}} \times AC_{ij} \tag{6.8}$$

$$EIC_{ij} = EGO_{ij} - EVA_{ij} \tag{6.9}$$

式中：

EGO_{ij}、EVA_{ij}、EIC_{ij}分别指“小类”部门的教育总产出、教育增加值以及教育中间消耗；

VA_j指《中国统计年鉴》对应行业部门的增加值（即“大类”增加值）；

AC_{ij}指“小类”部门的教育调整系数；

$R_{VA_{ij}}$指“小类”部门的增加值率；

$SC_{VA_{ij}}$指“小类”部门的增加值结构系数；

$j = 1, 2, \cdots, 7$指7个具体部门所属“大类”，即《中国统计年鉴》对应行业部门；

$i = 1, 2, \cdots, n$指第j部门（即“大类”）的第i项（即“小类”），i也指《中国投入产出表》对应行业部门，因此$\sum i = j$。

通过推算教育调整系数、增加值率以及增加值结构系数等三个辅助指标，结合《2017年中国投入产出表》《2018年中国投入产出表》《2021年中国投入产出表》提供的“小类”部门总产出、增加值以及中间消耗，以及2018—2023年《中国统计年鉴》提供的“大类”部门增加值，测算得出“小类”部门的教育总产出、教育增加值以及教育中间消耗，最终得到2015—2021年“中国全口径教育”的总产出、增加值以及中间消耗，如表6-5所示。

表6-5 **2015—2021年主要总量指标计算** 单位：亿元

年份	中国全口径教育		
	总产出	增加值	中间消耗
2015	119 209.92	45 551.56	73 658.37
2016	132 324.86	50 466.08	81 858.78
2017	148 057.09	54 051.80	94 005.30
2018	176 513.17	64 523.62	111 989.55
2019	206 688.38	76 105.15	130 583.23
2020	194 005.86	71 883.37	122 122.50
2021	211 705.96	80 485.89	131 220.07

三、中国教育卫星账户编制结果

本章系统编制了基准年教育账户和非基准年教育账户。由于篇幅限制，本章主要给出基准年教育账户，如表6-6、表6-7、表6-8所示，以及2015年和2021年两个年份的非基准年教育账户，如表6-9、表6-10所示。[①]其中，列向量是按照“小类”部门划分的教育生产者，行向量是按照产品类型划分的教育产品。

表6-6　**2017年基准年教育账户**　单位：亿元

教育产品	教育产业							教育总供给
	1	2	3	4	5	6	7	
核心产品								
教育服务	36 766.94							
合计								36 766.94
相关产品								
高校R&D服务		1 055.72						
学校餐饮服务			1 292.89					
学校住宿服务				1 524.90				
校舍建设服务					105 263.05			
学校图书						1 669.39		
学校计算机设备							484.21	
合计								111 290.16
产出合计	36 766.94	1 055.72	1 292.89	1 524.90	105 263.05	1 669.39	484.21	148 057.09
中间消耗合计	10 564.53	603.79	846.56	887.17	79 603.72	1 073.70	425.81	94 005.30
增加值合计	26 202.40	451.93	446.32	637.73	25 659.33	595.69	58.40	54 051.80

注：教育产业用代码1~7表示，分别指教育、高等院校R&D、学校餐饮、学校住宿、校房屋建筑、学校图书出版以及学校计算机部门。

① 其他年份主要总量指标数据参见附录B。

表 6-7 **2018年基准年教育账户** 单位：亿元

教育产品	教育产业							教育总供给
	1	2	3	4	5	6	7	
核心产品								
教育服务	44 820.03							
合计								44 820.03
相关产品								
高校R&D服务		1 418.12						
学校餐饮服务			1 620.99					
学校住宿服务				1 973.30				
校舍建设服务					124 509.02			
学校图书						1 682.57		
学校计算机设备							489.14	
合计								131 693.14
产出合计	44 820.03	1 418.12	1 620.99	1 973.30	124 509.02	1 682.57	489.14	176 513.17
中间消耗合计	13 241.15	816.00	1 074.28	1 159.68	94 189.11	1 076.83	432.49	111 989.55
增加值合计	31 578.88	602.11	546.71	813.62	30 319.91	605.74	56.65	64 523.62

注：教育产业用代码1~7表示，分别指教育、高等院校R&D、学校餐饮、学校住宿、学校房屋建筑、学校图书出版以及学校计算机部门。

表 6-8 **2020年基准年教育账户** 单位：亿元

教育产品	教育产业							教育总供给
	1	2	3	4	5	6	7	
核心产品								
教育服务	53 248.76							
合计								53 248.76
相关产品								
高校R&D服务		1 782.99						

续表

教育产品	教育产业							教育总供给
	1	2	3	4	5	6	7	
学校餐饮服务			1 897.64					
学校住宿服务				1 784.65				
校舍建设服务					132 886.65			
学校图书						1 770.91		
学校计算机设备							634.26	
合计								140 757.11
产出合计	53 248.76	1 782.99	1 897.64	1 784.65	132 886.65	1 770.91	634.26	194 005.86
中间消耗合计	15 919.54	1 044.35	1 287.45	1 067.36	101 125.73	1 117.06	561.01	122 122.50
增加值合计	37 329.22	738.64	610.20	717.30	31 760.92	653.85	73.25	71 883.37

注：教育产业用代码1~7表示，分别指教育、高等院校R&D、学校餐饮、学校住宿、学校房屋建筑、学校图书出版以及学校计算机部门。

表6-9　　**2015年非基准年教育账户**　　单位：亿元

教育产品	教育产业							教育总供给
	1	2	3	4	5	6	7	
核心产品								
教育服务	34 031.70							
合计								34 031.70
相关产品								
高校R&D服务		676.21						
学校餐饮服务			1 018.32					
学校住宿服务				1 242.44				
校舍建设服务					80 733.75			
学校图书						1 168.65		
学校计算机设备							338.86	

续表

教育产品	教育产业							教育总供给
	1	2	3	4	5	6	7	
合计								85 178.23
产出合计	34 031.70	676.21	1 018.32	1 242.44	80 733.75	1 168.65	338.86	119 209.92
中间消耗合计	9 778.60	386.74	666.78	722.84	61 053.78	751.64	297.99	73 658.37
增加值合计	24 253.10	289.47	351.54	519.60	19 679.97	417.01	40.87	45 551.56

注：教育产业用代码1-7表示，分别指教育、高等院校R&D、学校餐饮、学校住宿、学校房屋建筑、学校图书出版以及学校计算机部门。

表6-10　　**2021年非基准年教育账户**　　单位：亿元

教育产品	教育产业							教育总供给
	1	2	3	4	5	6	7	
核心产品								
教育服务	62 600.77							
合计								62 600.77
相关产品								
高校R&D服务		1 809.81						
学校餐饮服务			2 217.99					
学校住宿服务				2 088.76				
校舍建设服务					140 396.16			
学校图书						1 745.81		
学校计算机设备							846.65	
合计								149 105.19
产出合计	62 600.77	1 809.81	2 217.99	2 088.76	140 396.16	1 745.81	846.65	211 705.96
中间消耗合计	18 715.47	1 060.06	1 504.79	1 249.23	106 840.42	1 101.23	748.88	131 220.07
增加值合计	43 885.30	749.75	713.21	839.52	33 555.75	644.58	97.78	80 485.89

注：教育产业用代码1~7表示，分别指教育、高等院校R&D、学校餐饮、学校住宿、学校房屋建筑、学校图书出版以及学校计算机部门。

对基准年教育账户进行分析发现，2017年、2018年和2020年中国全口径教育业的增加值分别为54 051.80亿元、64 523.62亿元和71 883.37亿元，总产出分别为148 057.09亿元、176 513.17亿元和194 005.86亿元。与国民账户的教育部门相比，2017年、2018年和2020年全口径视角下的教育规模（以增加值衡量）分别扩大了27 849.39亿元、32 944.74亿元和34 554.15亿元。

进一步分析非基准年教育账户发现，2015年和2021年中国全口径教育业的增加值分别为45 551.56亿元和80 485.89亿元，总产出分别为119 209.92亿元和211 705.96亿元。与国民账户的教育部门相比，2015年和2021年全口径视角下的教育规模（以增加值衡量）分别扩大了21 298.46亿元和36 600.59亿元。

四、不足之处

显然，表6-6至表6-10展示了针对教育领域，谁负责生产教育产品，生产者所提供的教育产品有哪些，不同教育产品的产出总值、中间消耗以及增加值是多少。不过，目前的教育卫星账户并没有展示教育部门的全部细化数据，即从学前教育到高等教育阶段以及其他教育培训等不同层次的产品投入来源；也没有涵盖核心分类体系下的全部产品类目。

原则上，一套完整的教育产品账户不但要描述教育产品的生产过程，还需要描述这些产品的使用情况。这意味着，编制一套完整的教育卫星账户需要进行大量统计数据资料的收集、整理与分析工作。而事实上，在这一过程中可能会出现不同来源数据的处理不一致、调整不恰当等问题。在无法确保数据准确性的前提下，目前只能根据已经公布的教育数据进行中国教育卫星账户的试验性汇编。随着对教育统计数据库的不断完善，也将开展后续研究。

第二节 基于中国教育卫星账户的应用分析

一、全口径教育经济规模测算

全口径教育直接增加值指全口径教育业（包括教育核心产业和教育相关产业）的教育增加值之和，也可将其视为教育直接贡献。测算直接增加值有助于进行经济规模和结构分析。

基于中国教育卫星账户，全口径教育直接增加值为基准年/非基准年全口径教育业增加值，如表6-5所示。总体上，2015—2021年全口径教育直接增加值呈现不断增长态势：增加值总量从45 551.56亿元增长到80 485.89亿元，占国内生产总值（GDP）的比重从6.61%上升到7.00%。2021年，全口径教育业整体规模约为2015年的1.77倍，增幅为0.77倍（以增加值衡量）。

进一步分析2015—2021年全口径教育业细分部门直接贡献度（以增加值衡量），如图6-2所示。

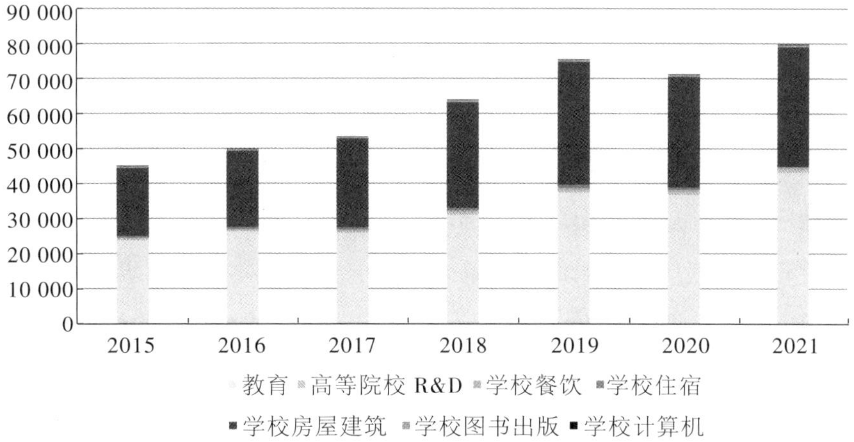

图6-2 2015—2021年全口径教育业：细分部门直接贡献度（单位：亿元）

以增加值衡量各细分部门直接贡献度发现，目前各年贡献最大的两个部门分别是教育和学校房屋建筑部门，贡献最小的部门是学校计算机部门。进一步比较各细分部门的所占份额（以2015—2021年各细分部门增加值占全口径教育业直接增加值的平均比重①来衡量）发现，目前各细分部门所占份额从高到低依次为教育部门（平均占比约51.45%）、学校房屋建筑部门（平均占比约44.72%）、学校住宿部门（平均占比约1.15%）、学校图书出版部门（平均占比约0.90%）、高等院校R&D部门（平均占比约0.85%）、学校餐饮部门（平均占比约0.84%）、学校计算机部门（平均占比约0.10%）。

二、全口径教育内部结构分析

为了解全口径教育业细分部门（即7个"小类"部门）的发展趋势和贡献程度，本章进一步分析了2015—2021年全口径教育业及其细分部门的增速变化（以定基发展速度衡量），如图6-3所示。

根据各细分部门与全口径教育业增长率变化的关联性，本章将7个细分部门划分为3个类别。各类别内细分部门特点阐述如下：

类别I：细分部门增长率的变化趋势与全口径教育业增长率的变化趋势差异显著，如学校图书出版部门②。具体表现为，学校图书出版部门与全口径教育业的增长速度相反（除2015—2016年时间段），且最终增速低于全口径教育业。学校图书出版部门属于新闻和出版业的细分部门，当前新闻和出版业正面临剧烈变革，互联网的快速发展使得学生对传统纸质图书出版物的需求骤减，导致学校图书出版部门增速放缓，甚至出现多数年份增长率低于全口径教育业增长率的情况。

---

① 本章主要采用加权平均法计算平均比重，即首先分别计算2015—2021年细分部门i增加值总和以及全口径教育业直接增加值总和，再使用细分部门i增加值总和除以全口径教育业直接增加值总和，从而得到2015—2021年各细分部门增加值占全口径教育业直接增加值的平均比重。

② 由于数据缺失，本章的学校图书出版部门仅指传统纸质图书出版。

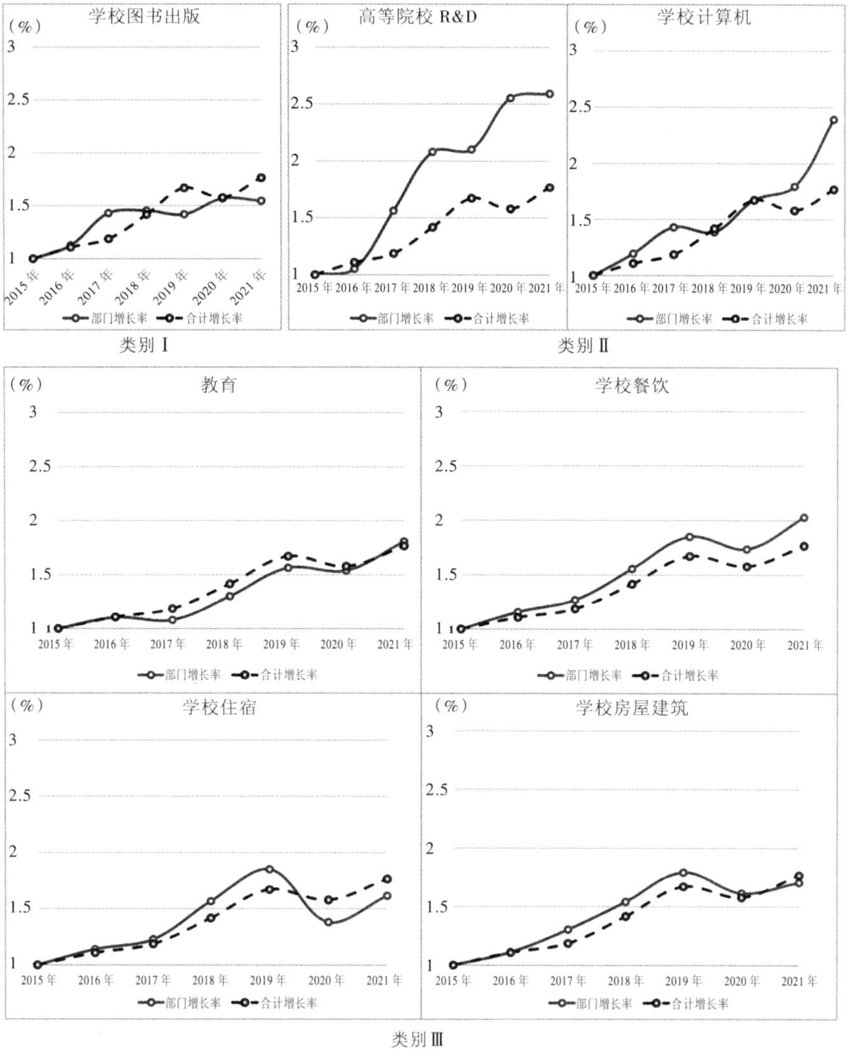

图6-3　2015—2021年全口径教育业及其细分部门：定基发展速度变化图

类别II：细分部门的增长率高于全口径教育业的增长率且增长速度最快，如高等院校R&D部门和学校计算机部门。高等院校R&D部门增长速度快的主要原因可以归为两点：一是近年来政府对高校R&D部门经费投入不断增加，2023年政府对高等院校经费投入

2 753.3亿元，占到全国R&D经费投入的8.3%，为高等院校R&D部门提供了充足的资金保障；二是高等院校本身具有高层次的教育水平、高水平的科研基地和高质量的创新人才，丰厚的物质基础和优质的人才储备为各研究项目的开展以及研究成果的实现提供了可行性，进而使得R&D活动蓬勃发展。而学校计算机部门增加值的快速增长离不开科技水平的发展。具体地，随着云计算、大数据等计算机科学相关领域的快速发展，选择相关专业的学生人数增加，以及学校逐渐意识到计算机水平对学生发展和教学质量提升的重要性，使得学校对计算机的需求大增，从而促使了学校计算机部门的快速发展。

类别III：细分部门的增长率变化趋势与全口径教育业的增长率变化趋势基本一致，如教育部门、学校住宿部门、学校房屋建筑部门和学校餐饮部门。教育作为教育核心产业，在概念上最接近全口径教育核算的基本内容，且教育增加值对全口径教育增加值的直接贡献最大，因此教育部门与全口径教育业保持着相对一致的发展步调，其增长率变化趋势与全口径教育业增长率变化趋势基本一致。学校住宿、学校房屋建筑和学校餐饮三个部门的增长率与全口径教育业的增长率变化趋势基本一致，主要源于学校住宿、学校房屋建筑和学校餐饮三个部门和教育业发展相互作用的结果：一方面，学校住宿、房屋建筑和餐饮服务作为教育基础设施的一部分，学校住宿、房屋建筑和餐饮服务质量的提升和环境的改善，不仅能够优化学生的生活体验，还能促进其身心健康和学业表现，从而全面提升教育质量；另一方面，教育增加值的增加为学校住宿、房屋建筑和餐饮服务等教育基础设施的优化提供了资金支持。

整体上，全口径教育业的核心产业（教育部门）和与基础设施相关的部门（如学校住宿部门、学校房屋建筑部门、学校餐饮部门）的增长趋势与全口径教育业增长趋势基本一致；与科学技术发展相关的部门（如高等院校R&D部门、学校计算机部门）的增长速度高于全口径教育业；除了上述明显的增长趋势外，学校图书出版部门增长率的变化趋势与全口径教育业增长率的变化趋势差异最为显著。显然，与全口径教育业的整体增长趋势相比，各细分部门的增长变化差异显著。

各细分部门与全口径教育业增长趋势的差异性，反映了时代变化对教育业的发展产生了深远的影响：一是相对传统的教育产业（如教育部门、学校住宿部门、学校房屋建筑部门、学校餐饮部门）与全口径教育业发展类似，因各部门主要受教育事业发展的影响，对时代发展的敏感度不高，市场活力相对较弱，经济效益发展空间有限。二是与时代发展密切相关的新兴产业（如高等院校R&D部门、学校计算机部门），随着互联网、数字技术的发展而快速增长，产业规模不断扩大，市场潜力巨大。三是受到时代发展影响的传统产业（如学校图书出版部门），与全口径教育业增长趋势差异显著，但可以依附互联网或数字化技术快速实现产业转型升级，顺势发展为学校图书出版的新业态，如数字图书馆、电子图书出版。

因此，“科技创新”“数字技术”逐渐成为教育领域产业发展的未来趋势。在制定教育政策时，一方面需保障传统教育产业的发展，另一方面大力扶持具有发展潜力的新兴教育产业，帮助传统教育产业实现转型升级。

第三节　总结

本章详细阐述全口径教育卫星账户的应用领域：一是尝试编制中国教育卫星账户，二是运用卫星账户进行教育经济规模测算和影响分析。

本章从界定中国“全口径教育业”出发，遵循先基准年教育产品供给表编制、再非基准年教育产品供给表编制的顺序，先基准年计算、再非基准年推算的方式，分步完成2015—2021年中国教育生产账户：产品供给表的汇编工作。基准年账户数据显示，全口径视角下2017年、2018年和2020年中国全口径教育业的增加值分别为54 051.80亿元、64 523.62亿元和71 883.37亿元；与国民账户的教育部门相比，教育规模（以增加值衡量）分别扩大了27 849.39亿元、32 944.74亿元和34 554.15亿元。非基准年账户数据显示，2015年和2021年中国全口径教育业的增加值分别为45 551.56亿元和80 485.89亿元；与国民账户的教育部门相比，教育规模（以增加值衡量）分别扩大了21 298.46亿元和36 600.59亿元。

基于卫星账户核算数据，本章开展了教育领域相关经济分析。主要从教育业全面核算和内部结构分析两方面展开。整体来看，2015—2021年全口径教育直接增加值呈现不断增长态势：2021年全口径教育业整体规模约为2015年的1.77倍（以增加值衡量）；占国内生产总值（GDP）的比重从2015年的6.61%上升到2021年的7.00%。通过对具体行业贡献情况的分析发现：教育部门仍然是最大的“贡献者”，其次是学校房屋建筑、学校住宿等部门，贡献最小的为学校计算机部门。进一步剖析全口径教育业及其细分部门的增速变化（以定基发展速度衡量），可以将7个细分部门划分为3个类别，分别是细分部门增长率的变化趋势与全口径教育业增长率的变化趋势差异显著（如学校图书出版部门）、细分部门的增长率高于全口径教育业且增长速度最快（如高等院校R&D部门和学校计算机部门）以及细分部门的增长率变化趋势与全口径教育业的增长率变化趋势基本一致（如教育部门、学校住宿部门、学校房屋建筑部门和学校餐饮部门）。进而指出未来教育领域发展的关键在于“科技创新”和“数字技术”。

不过，由于数据局限性等问题，目前本章只能根据已经公布的教育数据进行中国教育卫星账户的试验汇编和初步经济分析。只有解决数据来源、分类一致性等问题，教育卫星账户才能得到更广泛地应用。

第七章

结论、建议及展望

通过对全口径教育卫星账户的编制理论、技术方案和方法应用的详细阐述，本书尝试对全口径教育卫星账户进行较为全面的研究。为了更好地理解本书，给今后中国教育核算工作提供借鉴，有必要总结全书，同时提出相关政策建议以及进一步研究的重要方向，为中国教育体系的未来发展提供相关启示。

第一节　研究结论

一、主要研究工作

本书以“教育卫星账户”为切入点，深入研究卫星账户核算在教育领域的理论发展与实践路径。围绕“全口径教育卫星账户的编制”这一主题，综合运用系统分析、比较分析、综合评分法以及投入产出分析等研究方法与技术手段，重点从方法论角度、技术角度以及应用角度对全口径教育卫星账户的核算理论和应用问题进行系统研究，为进一步提升中国卫星账户核算水平，深化中国教育卫星账户核算发展提供理论和应用层面的支持。

总体来看，主要研究工作包括：

第一，提出全口径教育核算的全新理念。

鉴于目前教育核算研究的局限性，从教育供需视角提出全口径教育核算的全新理念。通过对全口径教育核算的提出意义、界定标准、相关概念以及方法选择等内容的深入分析，系统阐述全口径教育核算理念。

第二，归纳比较现有教育卫星账户的理论与实践。

为深入了解教育卫星账户的研究现状，归纳比较教育卫星账户的基础理论与实践经验。通过对教育卫星账户编制方法与国际经验的详细阐述，以及与全口径教育卫星账户“概念性框架”的系统比较，指出目前研究主要问题以及进一步研究的重点内容。

第三，构建全口径教育卫星账户的理论框架。

从编制理论入手，构建全口径教育卫星账户的理论框架。在明确账户内涵、核算基础之后，重点构建包括核心账户以及延伸内容在内的概念性框架。其中，核心账户建立了反映“供给层”的教育融资分析、“需求层”的教育消费分析以及“产品层”的教育产品供求分析等三个主要框架；延伸内容侧重描述教育系统按照受教育程度（或教育等级）划分的学生人数和教职工人数统计。

第四，深化全口径教育卫星账户编制的方案和技术。

从技术问题入手，进一步深化全口径教育卫星账户的编制方案。在全口径教育卫星账户理论框架的基础上，通过构建核心分类系统、明确账户计量问题，重点编制供给、需求以及产品角度的账户标准式和简化式，侧重分析账户涉及的总量指标和平衡关系。此外，构建满足数据需求的教育指标体系，借助综合评分法论证全口径教育卫星账户的方法优良性。

第五，编制试验性中国教育卫星账户表。

基于全口径教育卫星账户编制方案，通过界定中国“全口径教育业”、结合投入产出数据、分行业增加值数据（来自《中国统计年鉴》）以及引入相关辅助指标等途径，尝试编制了基准年和非基准年中国教育生产账户：产品供给表。

第六，开展基于中国教育卫星账户数据的分析应用。

基于中国教育卫星账户核算数据，从规模测算和结构分析两方面进行全口径教育规模的全面核算：以全口径教育业增加值指标衡量其经济规模，以定基发展速度衡量细分部门发展趋势和贡献程度。

二、研究相关结论

基于以上六个方面的研究工作，进一步归纳总结主要研究结论：

第一，全口径教育核算理念的提出，为全口径教育卫星账户理论框架构建奠定了概念和方法基础。

全口径教育核算通过考察供给、需求和产品三个不同层面的教育活动实现对教育活动测度的扩展和补充。基于此，全口径教育卫星账户理论框架全面展示了全口径教育核算的概念：以多维视角（即供给、需求和产品等不同层面）出发、以不同框架结构（即来源使用结构、供给使用结构、二维交叉结构）展示全口径教育核算过程，提出多个总量指标（即收入、支出和增加值等）进而满足全口径教育的三方平衡关系。此外，全口径教育核算理念提出全口径视角下的教育产业分类标准，进一步为全口径教育分类体系构建提供了基本分类方法。

第二，现有教育卫星账户理论与实践的回顾，为全口径教育卫星账户编制设计提供了方法和经验参考。

梳理现有教育卫星账户编制方法，可以将教育卫星账户核算的基本理论问题归纳为定义概念性要素、建立分类体系和估算方法、明确核算原则以及选取核算框架等几方面。全口径教育卫星账户的编制，深化了上述基本理论问题。各国或区域组织教育卫星账户的编制实践反映出任一国家或区域组织的教育卫星账户都可能无法应用于其他国家或区域组织。本书在整合各国或区域组织在设计目标、研究视角、分类体系、方法基础和账户结构等方面编制经验的基础上，结合全口径教育核算理念，从而提出更系统、全面的全口径教育卫星账户编制方案。

第三，全口径教育卫星账户核算概念性框架的建立，为中国教育卫星账户研究提供了逻辑基础和实践框架。

全口径教育卫星账户概念性框架从国民经济核算的系统性出发，以“全口径教育核算”为核心理念，涵盖了教育融资分析框架、教育消费分析框架以及教育产品供求分析框架等核心账户内容，同时引入实物量信息等建立补充表，为中国编制教育卫星账户提供了基本框架，也为各国实践教育卫星账户提供参考。

第四，全口径教育卫星账户编制方案技术的深化，为实践中国教育卫星账户编制提供了重要指导。

全口径教育卫星账户概念性框架的落地实践离不开技术方案的支持。从卫星账户编制的一般性流程出发，编制方案提供了核心分类系统、计量方法、核算框架的账户表呈现以及主要总量指标等。编制方案的细化和关键性技术的提出，为实践中国教育卫星账户编制提供了重要指导。

第五，试验性中国教育卫星账户表的编制，为完善中国教育统计实践提供了核算层面的支持。

卫星账户从本质上说仍然具备国民账户的属性特征，因此也为具体领域的统计数据收集、报告和评估提供了基于核算层面的数据支撑。中国教育卫星账户表的试验性编制，从核算视角为教育统计领域提供了诸如教育总产出、中间消耗以及教育增加值等重要的价值量数据，因此也为教育统计系统的完善提供了重要支持。

第六，基于中国教育卫星账户数据的应用实践，为深层次开展教育领域经济分析提供了研究范例。

中国教育生产账户：产品供给表提供了全口径教育业的产出总量、增加值总量以及中间消耗等与生产过程密切相关的基本数据。基于此，可以更加直观地展现以增加值衡量的教育规模，即全口径教育直接增加值。而从行业内部构成来看，通过分析定基发展速度，进一步剖析全口径教育业各部门之间的关联性及发展规律。这些基于卫星账户数据的分析，为开展教育领域相关分析提供了研究范例。

第二节　政策建议

基于主要研究结论，从全口径教育核算视角出发，可以从以下几方面对中国教育核算管理予以进一步改进与完善：

首先，逐步建立教育产品消费调查体系。

从全口径教育视角出发，教育核算管理应当逐步建立教育产品消费调查体系。通过本书可以发现，在数据方面，现有中国教育核算能够获取的基础数据比较有限，尤其是缺乏教育产品消费方面的详细数据。基于全口径教育卫星账户理论框架，建议逐步建立教育产品消费调查体系，用以填补教育产品在消费领域内的数据欠缺。

具体操作上：一是目前并没有一套用于指导中国教育产品消费方面的统计指导手册。建议根据全口径教育卫星账户的产品分类体系，构建统一的教育指标体系以及相应统计指导手册。二是目前教育指标发布时间间隔过长。建立加大人员和经费投入，以期缩短教育产品的消费调查期限。

基于以上分析，在构建教育产品消费调查体系时，相关部门应当开展针对教育活动的更为频繁的普查，以便获取更加详细的教育产品消费方面的基础数据，进而逐步形成完善的教育核算体系，进行从下至上的逐级汇总核算，建立中国教育卫星账户，并最终使其卫星账户达到与中国国民经济核算体系尽可能完美衔接的目的。

其次，不断丰富和完善教育统计内容。

从全口径教育视角出发，教育核算管理应当不断丰富和完善教育统计内容。通过本书可以发现，在统计内容上，现有教育核算的指标分类不够全面，也不够细致，尤其是缺乏与教育服务密切相关的其他产品的生产内容。基于全口径教育卫星账户理论框架，应当不断丰富和完善教育统计内容，从而提高中国教育核算的整体水平。

具体问题及改进包括：一是目前教育指标不够全面。建议调整教育分类标准，细化教育指标。二是目前教育调查方法有限。建议采取多种调查方式，结合普查、抽样调查、重点调查等方式全面收集教育数据。三是目前教育数据不够丰富。建议将教育生产范围、消费范围予以扩展，并根据新的指标需求进行数据收集工作，建立更完善的教育数据库，使得教育核算能够更顺利地开展。

最后，加强教育部门与其他部门之间的协作。

从全口径教育视角出发，教育核算管理应当加强教育部门与其他部门之间的协作。事实上，各国在进行卫星账户相关研究时，主要借助于完善的统计数据来源、统一的核算概念及其分类方法以及不同部门之间的配合分工。显然，目前中国在教育核算管理中，不仅需要完善其核算方法，还应当加强不同部门之间的分工协作。因此，建议加强教育部门与其他部门之间的协作。

主要工作包括：一是继续巩固国家统计局的自身职责，综合汇编全国教育活动基本情况以及组织实施一些针对教育活动的专业调查；二是利用国家教育体系的自身优势，加强在教育系统内部的细化数据收集工作；三是挖掘与教育发展密切相关的机构部门的作用，利用它们来收集更多的教育细化数据，如消费方面的数据等。总之，通过加强教育部门与其他部门之间的不断沟通和协调管理，发挥各部门的职责与特色，才能使得中国教育核算管理更加科学、系统、规范。

第三节　研究展望

全口径教育卫星账户的编制研究是一项长期的工作。不过，由于研究时间和研究水平有限，目前研究也有所欠缺。显然，这些欠缺之处也将成为今后进一步研究的主要方向。总体来看，未来的研究可以从以下三方面展开：

首先，进一步探讨构建混合型教育卫星账户。

目前的全口径教育卫星账户主要关注整个教育系统，即侧重描述教育领域的生产活动、消费活动以及教育产品的供应使用。这一卫星账户集中构建供给、需求以及产品角度的核算框架，集中展示教育领域重要的价值量指标。不过，除价值量指标之外，像就业人数、学生人数等非货币性指标也被视为衡量教育活动的重要指标，可以考虑将这些非货币性指标纳入目前的教育卫星账户框架之中。此外，考虑到教育与人力资本之间的复杂联系，还可以考虑设置人力资本卫星账户。

在今后的研究中，将进一步探讨构建混合型教育卫星账户：一方面，将实物量数据引入卫星账户。可以将就业人员和学生人数作为补充信息纳入目前的教育使用表，或者进行人均教育支出的计算，将价值量指标和实物量指标联系起来。另一方面，设置人力资本账户。可以考虑将人力资本纳入生产范围，同时借助供给使用表结构，进行人力资本供给和使用账户的编制研究。

其次，进一步改善教育卫星账户汇编的数据质量。

目前编制的中国教育卫星账户，基本数据除了来源于官方统计数据库外，部分数据需要根据特定的假设条件，利用所设定的比例关系进行相应账户数据的推算处理。不过，由于核算口径、核算概念以及核算方法等方面存在差异，不同来源的数据或推算的结果可能难以避免教育卫星账户的数据误差问题。

在今后的研究中，将考虑如何改善教育卫星账户汇编的数据质量。可以根据教育卫星账户的内在账户平衡关系（或核算方法的平衡关系），构建包括I级指标、II级指标、III级指标（其中，II级、III级指标是对I级指标的进一步细化）在内的教育卫星账户的数据指标评价体系，从而详细评估教育卫星账户的统计数据质量。

最后，进一步加强教育卫星账户的方法应用分析。

目前的研究重点是进行教育卫星账户的构建研究，而非教育卫星账户的应用分析。其中一个重要原因是教育数据收集方面存在局限性。教育卫星账户的编制，将有利于开展教育领域的相关经济分析，因此应当加强教育卫星账户在实际问题方面的应用探讨。

在今后的研究中，将进一步侧重教育卫星账户的方法应用分析，主要包括：一是进一步实践教育卫星账户：产品使用表的数据汇编；二是深入探究教育卫星账户：支出表的编制实践；三是深层次开展基于卫星账户数据的经济分析，如基于教育卫星账户深入研究教育供给侧改革问题、加强教育统计数据库的系统建设等。

参考文献

[1] 高艳云. 对教育产出核算的研究［J］. 统计研究，2001（3）：55-57.

[2] 胡皓. 从产出角度核算政府教育服务产出的实证研究［J］. 暨南学报（哲学社会科学版），2012（9）：79-88；162.

[3] 蒋萍. 政府部门非市场服务产出核算的有关问题［J］. 统计研究，2001（5）：9-16.

[4] 金钰. 非市场服务产出核算理论问题研究［J］. 统计研究，2003（5）：49-52.

[5] 康蓉. 旅游卫星账户与中国旅游经济测度研究［D］. 西安：西北大学，2006.

[6] 李宝瑜. 由SARS引发的对非市场教育服务产出核算的思考［J］. 统计研究，2003（10）：31-33.

[7] 李江帆，李美云. 旅游产业与旅游增加值的测算［J］. 旅游学刊，1999（5）：16-19.

[8] 黎洁. 加拿大国家旅游指标体系的分析与借鉴［J］. 统计与决策，2012（8）：32-34.

[9] 李金华. 中国国民经济核算体系的扩展与延伸：来自联合国三大核算体系比较研究的启示［J］. 经济研究，2008（3）：125-137.

［10］ 李金华．我国教育核算体系的框架及理论阐释［J］．统计研究，2024（4）：141-152．

［11］ 李闻闻．人力资本卫星账户编制方法及实证研究［D］．杭州：浙江工商大学，2015．

［12］ 联合国，世界银行，国际货币基金组织，等．国民经济核算体系SNA：1993年版［M］．国家统计局国民经济核算司，译．北京：中国统计出版社，1995．

［13］ 联合国，世界旅游组织，经济合作与发展组织，等．2008年旅游附属账户：建议的方法框架［M］．纽约：联合国，2010．

［14］ 联合国，世界旅游组织，经济合作与发展组织，等．2008年国民账户体系［M］．中国国家统计局国民经济核算司，中国人民大学国民经济核算研究所，译．北京：中国统计出版社，2012．

［15］ 联合国教科文组织统计研究所．2009年联合国教科文组织文化统计框架［M］．蒙特利尔：联合国教科文组织统计研究所，2011．

［16］ 联合国教科文组织统计研究所．国际教育标准分类法2011［M］．蒙特利尔：联合国教科文组织统计研究所，2013．

［17］ 联合国经济和社会事务部．所有经济活动的国际标准行业分类（修订本第4版）［M］．纽约：联合国，2009．

［18］ 刘军．超越市场：美国非市场核算的设计［J］．统计教育，2006（8）：8-9．

［19］ 刘军．美国国民经济核算研究的新进展：非市场核算［J］．山东经济，2007（5）：61-63．

［20］ 罗良清，王静．高等教育产出的质量调整研究［J］．统计与信息论坛，2004（7）：5-8，11．

［21］ 罗良清．现行教育产出之定义评析［J］．当代财经，2005（11）：3．

［22］ 马茹．教育和培训卫星账户理论基础、国际经验及编制方案［D］．大连：东北财经大学，2021．

［23］ 唐军．国民教育账户的基本框架、主要特点及其应用前景［J］．经济统

计学（季刊），2017（1）：183-190.

[24] 王静．教育非市场产出核算理论问题研究［J］．统计与决策，2007（9）：62-64.

[25] 王亚菲，王可．非市场服务产出核算的新思路——产出指标法［J］．统计与信息论坛，2002（5）：39-41，56.

[26] 王德劲．论人力资本实物量和价值量核算账户体系的基本框架［J］．统计与信息论坛，2009（8）：75-80.

[27] 幸岭，强菲菲，王文静．基于大旅游产业视角下的旅游卫星账户的构建与实证研究——以云南省为例［J］．旅游研究，2016，8（3）：52-59.

[28] 徐玲．国际教育指标体系的分析与思考［J］．教育科学，2004，20（2）：18-21.

[29] 杨仲山．国民经济核算方法论研究［D］．大连：东北财经大学，2001.

[30] 杨仲山，郑彦．ISCED（2011）：理论发展与分类变化［J］．统计研究，2012（11）：26-30.

[31] 张振助．国际教育指标及统计的比较与借鉴［J］．复旦教育论坛，2009（7）：50-55.

[32] 郑彦．全口径教育卫星账户编制技术研究［D］．大连：东北财经大学，2017.

[33] 郑彦，夏杰锋．卫星账户核算：理论发展与编制应用［J］．统计与信息论坛，2021（12）：3-11.

[34] JORGENSON D W，LANDEFELD J S，NORDHAUS W D.宏观经济测算的前沿问题：国民经济账户的新设计［M］．伍晓鹰，等，译．北京：北京大学出版社，2013.

[35] ABRAHAM K G，MACKIE C. Beyond the market：designing nonmarket accounts for the United States［M］．Washington，DC：National Academies Press，2005.

[36] ABRAHAM K G.Accounting for investments in formal education：prepared for discussion at the Bureau of Economic Analysis Advisory Committee Meeting

[C] // Bureau of Economic Analysis Advisory Committee Meeting. Washington, DC, 2010-05-07. Washington, DC: Bureau of Economic Analysis, 2010.

[37] U. S. BUREAU OF ECONOMIC ANALYSIS.Concepts and methods of the U.S. national income and product accounts [M]. Washington, D. C.: U. S. Department of Commerce, 2011.

[38] BOS F. A national accounts satellite for human capital and education [R]. Netherlands: MPRA, 2011.

[39] DIAKOMIHALIS M N. Evaluation of high educational institutes economic impact with satellite accounting: an empirical application in Greece [J]. Business and Economic Research, 2014, 4 (2): 1-20.

[40] DI VEROLI N, TARTAMELLA F. The challenge of building education satellite account and the link with human capital account [C] // 31st General Conference of the International Association for Research in Income and Wealth. St.Gallen, Switzerland, 2010.

[41] EUROSTAT. European system of accounts: ESA 2010 [M]. Luxembourg: Publications Office of the European Union, 2013.

[42] GU W, WONG A.Estimates of human capital in Canada: the lifetime income approach [J]. Economic Analysis Research Paper, 2010 (62): 1-45.

[43] GU W, RYAN M.An experimental human capital satellite account for Canada [C] // Society for Economic Measurement Annual Conference. Ottawa, Canada, 2016.

[44] ISTAT. Il valore dello stock di capitale umano in Italia [C] // Conference "Misurare il capitale umano: esperienze e prospettive" .Rome, Italy, 2013-01-18.

[45] JELJOUL M, DALOUS J P, BRIÈRE L. Le compte de l ' éducation: principes, méthodes et résultats pour les années 1999 à 2009 [M]. Paris: Ministère de l'Éducation nationale, 2011.

[46] JELJOUL M, LANDREAU-MASCARO A, DALOUS J P, LEMERLE S.Le Compte de l'éducation: Principes, méthodes et resultants pour les années 2006 à 2014 [M]. Paris: Ministère de l'éducation nationale, 2016.

[47] JORGENSON D W, FRAUMENI B M.The accumulation of human and non-human capital, 1948-1984 [C] // LIPSEY R E, TICE H S, eds. The measurement of savings, investment, and wealth.Chicago: The University of Chicago Press, 1989.

[48] JORGENSON D W, FRAUMENI B M. The output of the education sector [C] //GRILICHES Z, ed.The measurement of durable and non-durable goods output.Chicago: National Bureau of Economic Research, 1992: 223-252.

[49] JORGENSON D W, FRAUMENI B M. Investment in education and U. S. economic growth [J]. Scandinavian Journal of Economics, 1992, 94 (S): S51 - S70.

[50] LEMAIRE M. Satellite accounts: a relevant framework for analysis in social fields [J]. Review of Income and Wealth, 1987, 33 (3): 305-325.

[51] LIU G. A stylized satellite account for human capital [R]. Oslo: Statistics Norway, 2015.

[52] NATIONAL RESEARCH COUNCIL. Beyond the Market: Designing Nonmarket Accounts for the United States [M]. Washington, DC: National Academies Press, 2005.

[53] OECD. Education at a Glance 2011: Highlights [M]. Paris: OECD Publishing, 2011.

[54] OFFICE FOR NATIONAL STATISTICS (ONS). Proposals for satellite accounts [R]. Newport: UK Centre for the Measurement of Government Activity, 2008.

[55] QUINTELA M I. Satellite account for education for Portugal: implementation process and links with the national accounts and questionnaire UOE [C] // Workshop on Measuring Education and Health Volume Output. Paris, 2007-

06-06—07.

[56] RICCARDINI F.Towards satellite accounts on education and human capital in OECD countries [M] // MAGGINO F, ed. A new research agenda for improvements in quality of life.Cham: Springer, 2015: 205-230.

[57] SCHREYER P.Towards measuring the volume output of education and health services: a handbook [M]. Paris: OECD Publishing, 2010.

[58] SCHULTZ T W. Investment in human capital: reply [J]. American Economic Review, 1961, 51 (5): 1035-1039.

[59] STATISTICS CANADA.In-depth review of satellite accounting [R]. Ottawa: Statistics Canada, 2019.

[60] UNECE.Satellite account for education and training: compilation guide [M]. New York; Geneva: United Nations, 2020.

[61] UNESCO INSTITUTE FOR STATISTICS, UNESCO INTERNATIONAL INSTITUTE FOR EDUCATIONAL PLANNING. Methodology of national education accounts [R]. Montreal: UNESCO-UIS, 2016.

[62] UNESCO-UIS, OECD, EUROSTAT. UOE data collection on formal education: manual on concepts, definitions and classifications [R]. Montreal; Paris; Luxembourg: UNESCO-UIS; OECD; EUROSTAT, 2020.

[63] WEI H.Measuring the stock of human capital for Australia [R]. Canberra: Australian Bureau of Statistics, 2004.

[64] WEI H.Measuring human capital flows for Australia: a lifetime labour income approach [R]. Canberra: Australian Bureau of Statistics, 2008.

[65] World Bank. The Changing Wealth of Nations: Measuring Sustainable Development in the New Millennium [M]. Washington, DC: World Bank, 2011.

附　录

附录A　各国及区域组织教育/人力资本卫星账户

本附录将列出国际上主要国家及区域组织编制的教育以及人力资本卫星账户，包括法国、希腊、美国、荷兰、挪威、葡萄牙、意大利、澳大利亚以及UNECE。

1. 法国教育账户

法国教育账户由7套表格组成，具体如下：

附录A-1　　**教育支出表：教育等级×教育活动**

活动 等级		最终融资											最终融资总计	向融资者转移			转移总计	初始融资总计
		生产者活动					总计	相关货物和服务				总计		奖学金和住户转移	其他转移	收付转移		
		教学	辅助服务			系统组织		学校交通	教材供应	特定课程	服装及其他							
			餐饮和住宿服务	学校医疗服务	学校辅导													
初等教育	学前																	
	初等																	
初等教育总计																		
中等教育	初级																	
	特殊需要																	
	普通/技术																	
	职业																	
	学徒培训																	
中等教育总计																		
高等教育	中等后																	
	短期技术																	
	长期																	
	高级学徒培训																	
高等教育总计																		
校外教育	职业/继续培训																	
	其他校外培训																	
校外教育总计																		
总计																		

资料来源：JELJOUL M，LANDREAU-MASCARO A，DALOUS J P，et al. Le Compte de l'éducation：Principes，méthodes et resultants pour les années 2006 à 2014 [M]. Paris：Ministère de l'éducation nationale，2016.

附录A-2　**教育支出表：（初始/最终）融资来源×教育等级**

等级 融资		初等教育		初等教育总计	中等教育					中等教育总计	高等教育				高等教育总计	校外教育		校外教育合计	总计
		学前	初等		初级	特殊需要	普通/技术	职业	学徒培训		中等后	短期技术	长期	高级学徒培训		职业继续培训	其他校外培训		
中央政府	学校教育																		
	高等教育																		
	农业																		
	其他部门																		
中央政府总计																			
地方政府	地区																		
	部门																		
	市镇																		
地方政府总计																			
其他公共机构																			
企业																			
住户																			
世界其他地区																			
其他私有融资者																			
总计																			

资料来源：JELJOUL M，LANDREAU-MASCARO A，DALOUS J P，et al. Le Compte de l’éducation：Principes，méthodes et resultants pour les années 2006 à 2014 [M]. Paris：Ministère de l’éducation nationale，2016.

附录 A-3　　　　**教育支出表：融资来源×教育活动**

<table>
<tr><th colspan="2" rowspan="5">活动
融资</th><th colspan="17">最终融资</th><th rowspan="5">最终融资总计</th><th colspan="3">向融资者转移</th><th rowspan="5">转移总计</th><th rowspan="5">初始融资总计</th></tr>
<tr><th colspan="11">生产单位活动</th><th rowspan="4">生产单位活动总计</th><th colspan="4">相关货物和服务</th><th rowspan="4">相关货物和服务总计</th><th rowspan="4">奖学金和住户转移</th><th rowspan="4">其他转移</th><th rowspan="4">收付转移</th></tr>
<tr><th colspan="5">教学活动</th><th rowspan="3">总计</th><th colspan="3">辅助服务</th><th rowspan="3">总计</th><th rowspan="3">系统组织</th><th rowspan="3">学校交通</th><th rowspan="3">教材供应</th><th rowspan="3">特殊课程</th><th rowspan="3">服装及其他</th></tr>
<tr><th colspan="4">教学</th><th rowspan="2">研究</th><th rowspan="2">餐饮和住宅服务</th><th rowspan="2">医疗服务</th><th rowspan="2">学校辅导</th></tr>
<tr><th>初等</th><th>中等</th><th>高等</th><th>校外</th></tr>
<tr><td rowspan="4">中央政府</td><td>学校教育</td><td></td><td></td><td></td><td></td><td></td><td></td><td></td><td></td><td></td><td></td><td></td><td></td><td></td><td></td><td></td><td></td><td></td><td></td><td></td><td></td><td></td><td></td><td></td></tr>
<tr><td>高等教育</td><td></td><td></td><td></td><td></td><td></td><td></td><td></td><td></td><td></td><td></td><td></td><td></td><td></td><td></td><td></td><td></td><td></td><td></td><td></td><td></td><td></td><td></td><td></td></tr>
<tr><td>农业</td><td></td><td></td><td></td><td></td><td></td><td></td><td></td><td></td><td></td><td></td><td></td><td></td><td></td><td></td><td></td><td></td><td></td><td></td><td></td><td></td><td></td><td></td><td></td></tr>
<tr><td>其他部门</td><td></td><td></td><td></td><td></td><td></td><td></td><td></td><td></td><td></td><td></td><td></td><td></td><td></td><td></td><td></td><td></td><td></td><td></td><td></td><td></td><td></td><td></td><td></td></tr>
<tr><td colspan="2">中央政府总计</td><td></td><td></td><td></td><td></td><td></td><td></td><td></td><td></td><td></td><td></td><td></td><td></td><td></td><td></td><td></td><td></td><td></td><td></td><td></td><td></td><td></td><td></td><td></td></tr>
<tr><td rowspan="3">地方政府</td><td>地区</td><td></td><td></td><td></td><td></td><td></td><td></td><td></td><td></td><td></td><td></td><td></td><td></td><td></td><td></td><td></td><td></td><td></td><td></td><td></td><td></td><td></td><td></td><td></td></tr>
<tr><td>部门</td><td></td><td></td><td></td><td></td><td></td><td></td><td></td><td></td><td></td><td></td><td></td><td></td><td></td><td></td><td></td><td></td><td></td><td></td><td></td><td></td><td></td><td></td><td></td></tr>
<tr><td>市镇</td><td></td><td></td><td></td><td></td><td></td><td></td><td></td><td></td><td></td><td></td><td></td><td></td><td></td><td></td><td></td><td></td><td></td><td></td><td></td><td></td><td></td><td></td><td></td></tr>
<tr><td colspan="2">地方政府总计</td><td></td><td></td><td></td><td></td><td></td><td></td><td></td><td></td><td></td><td></td><td></td><td></td><td></td><td></td><td></td><td></td><td></td><td></td><td></td><td></td><td></td><td></td><td></td></tr>
<tr><td colspan="2">其他公共机构</td><td></td><td></td><td></td><td></td><td></td><td></td><td></td><td></td><td></td><td></td><td></td><td></td><td></td><td></td><td></td><td></td><td></td><td></td><td></td><td></td><td></td><td></td><td></td></tr>
<tr><td colspan="2">企业</td><td></td><td></td><td></td><td></td><td></td><td></td><td></td><td></td><td></td><td></td><td></td><td></td><td></td><td></td><td></td><td></td><td></td><td></td><td></td><td></td><td></td><td></td><td></td></tr>
<tr><td colspan="2">住户</td><td></td><td></td><td></td><td></td><td></td><td></td><td></td><td></td><td></td><td></td><td></td><td></td><td></td><td></td><td></td><td></td><td></td><td></td><td></td><td></td><td></td><td></td><td></td></tr>
<tr><td colspan="2">世界其他地区</td><td></td><td></td><td></td><td></td><td></td><td></td><td></td><td></td><td></td><td></td><td></td><td></td><td></td><td></td><td></td><td></td><td></td><td></td><td></td><td></td><td></td><td></td><td></td></tr>
<tr><td colspan="2">其他私有融资者</td><td></td><td></td><td></td><td></td><td></td><td></td><td></td><td></td><td></td><td></td><td></td><td></td><td></td><td></td><td></td><td></td><td></td><td></td><td></td><td></td><td></td><td></td><td></td></tr>
<tr><td colspan="2">总计</td><td></td><td></td><td></td><td></td><td></td><td></td><td></td><td></td><td></td><td></td><td></td><td></td><td></td><td></td><td></td><td></td><td></td><td></td><td></td><td></td><td></td><td></td><td></td></tr>
</table>

资料来源：JELJOUL M，LANDREAU-MASCARO A，DALOUS J P，LEMERLE S. Le Compte de l'éducation：Principes，méthodes et resultants pour les années 2006 à 2014［M］. Paris：Ministère de l'éducation nationale，2016.

附录 A-4　**初等教育阶段教育支出表：融资来源 × 教育活动**

融资＼活动		最终融资															最终融资总计	向融资者转移			转移总计	初始融资总计
		生产单位活动									生产单位活动总计	相关货物和服务				相关货物和服务总计		奖学金和住户转移	其他转移	收付转移		
		教学活动			总计	辅助服务			总计	系统组织		学校交通	教材供应	特殊课程	服装及其他							
		教学		研究		餐饮和住宅服务	医疗服务	学校辅导														
		初等																				
		学前	初等																			
中央政府	学校教育																					
	高等教育																					
	农业																					
	其他部门																					
中央政府总计																						
地方政府	地区																					
	部门																					
	市镇																					
地方政府总计																						
其他公共机构																						
企业																						
住户																						
世界其他地区																						
其他私有融资者																						
总计																						

资料来源：JELJOUL M，LANDREAU-MASCARO A，DALOUS J P，et al. Le Compte de l’éducation：Principes，méthodes et resultants pour les années 2006 à 2014 [M]. Paris：Ministère de l’éducation nationale，2016.

附录 A-5　**中等教育阶段教育支出表：融资来源×教育活动**

融资＼活动		最终融资																		向融资者转移				
		生产单位活动													相关货物和服务									
		教学活动							辅助服务															
		教学																						
		中等																						
		初级	特殊需要	普通/技术	职业	学徒培训	研究	总计	餐饮住宅服务	医疗服务	学校辅导	总计	系统组织	生产单位活动总计	学校交通	教材供应	特殊课程	服装及其他	相关货物和服务总计	最终融资总计	奖学金和住户转移	其他转移	收付转移	转移总计	初始融资总计
中央政府	学校教育																								
	高等教育																								
	农业																								
	其他部门																								
中央政府总计																									
地方政府	地区																								
	部门																								
	市镇																								
地方政府总计																									
其他公共机构																									
企业																									
住户																									
世界其他地区																									
其他私有融资者																									
总计																									

资料来源：JELJOUL M，LANDREAU-MASCARO A，DALOUS J P，et al. Le Compte de l'éducation：Principes，méthodes et resultants pour les années 2006 à 2014 [M]. Paris：Ministère de l'éducation nationale，2016.

附录 A-6　**高等教育阶段教育支出表：融资来源×教育活动**

活动		最终融资																		向融资者转移				
		生产单位活动												相关货物和服务										
		教学活动						辅助服务																
		教学																						
		高等																						
融资		中等后	短期技术	长期	高级学徒培训	研究	总计	餐饮和住宅服务	医疗服务	学校辅导	总计	系统组织	生产单位活动总计	学校交通	教材供应	特殊课程	服装及其他	相关货物和服务总计	最终融资总计	奖学金和住户转移	其他转移	收付转移	转移总计	初始融资总计
中央政府	学校教育																							
	高等教育																							
	农业																							
	其他部门																							
中央政府总计																								
地方政府	地区																							
	部门																							
	市镇																							
地方政府总计																								
其他公共机构																								
企业																								
住户																								
世界其他地区																								
其他私有融资者																								
总计																								

资料来源：JELJOUL M，LANDREAU-MASCARO A，DALOUS J P，et al. Le Compte de l'éducation：Principes，méthodes et resultants pour les années 2006 à 2014 [M]. Paris：Ministère de l'éducation nationale，2016.

附录A-7 **非正规教育阶段教育支出表：融资来源×教育活动**

融资＼活动		最终融资																向融资者转移				
		生产单位活动										相关货物和服务										
		教学和研究				辅助服务																
		教学																				
		校外																				
		职业继续培训	其他校外活动	研究	总计	餐饮和住宅服务	医疗服务	学校辅导	总计	系统组织	生产单位活动总计	学校交通	教材供应	特殊课程	服装及其他	相关货物和服务总计	最终融资总计	奖学金和住户转移	其他转移	收付转移	转移总计	初始融资总计
中央政府	学校教育																					
	高等教育																					
	农业																					
	其他部门																					
中央政府总计																						
地方政府	地区																					
	部门																					
	市镇																					
地方政府总计																						
其他公共机构																						
企业																						
住户																						
世界其他地区																						
其他私有融资者																						
总计																						

资料来源：JELJOUL M，LANDREAU-MASCARO A，DALOUS J P，et al. Le Compte de l'éducation：Principes，méthodes et resultants pour les années 2006 à 2014 [M]. Paris：Ministère de l'éducation nationale，2016.

附录A-8 **教育生产者融资表（最终融资的支出）：融资来源×生产部门**

<table>
<tr><th colspan="2">生产部门融资</th><th>公共教育机构</th><th>私有资助机构</th><th>私有非资助机构</th><th>行政服务和公共机构</th><th>总计</th></tr>
<tr><td rowspan="4">中央政府</td><td>学校教育</td><td></td><td></td><td></td><td></td><td></td></tr>
<tr><td>高等教育</td><td></td><td></td><td></td><td></td><td></td></tr>
<tr><td>农业</td><td></td><td></td><td></td><td></td><td></td></tr>
<tr><td>其他部门</td><td></td><td></td><td></td><td></td><td></td></tr>
<tr><td colspan="2">中央政府总计</td><td></td><td></td><td></td><td></td><td></td></tr>
<tr><td rowspan="3">地方政府</td><td>地区</td><td></td><td></td><td></td><td></td><td></td></tr>
<tr><td>部门</td><td></td><td></td><td></td><td></td><td></td></tr>
<tr><td>市镇</td><td></td><td></td><td></td><td></td><td></td></tr>
<tr><td colspan="2">地方政府总计</td><td></td><td></td><td></td><td></td><td></td></tr>
<tr><td colspan="2">其他公共机构</td><td></td><td></td><td></td><td></td><td></td></tr>
<tr><td colspan="2">企业</td><td></td><td></td><td></td><td></td><td></td></tr>
<tr><td colspan="2">住户</td><td></td><td></td><td></td><td></td><td></td></tr>
<tr><td colspan="2">世界其他地区</td><td></td><td></td><td></td><td></td><td></td></tr>
<tr><td colspan="2">其他私有融资者</td><td></td><td></td><td></td><td></td><td></td></tr>
<tr><td colspan="2">总计</td><td></td><td></td><td></td><td></td><td></td></tr>
</table>

注：生产部门活动不包括购买相关货物和服务。

资料来源：JELJOUL M，LANDREAU-MASCARO A，DALOUS J P，et al. Le Compte de l'éducation：Principes，méthodes et resultants pour les années 2006 à 2014 [M]. Paris：Ministère de l'éducation nationale，2016.

附录A-9　**初等教育阶段生产者融资表（最终融资的支出）：融资来源×生产部门**

生产部门 / 融资		公共教育机构			总计	私有资助机构	总计	私有非资助机构	总计	行政服务和公共机构	总计
		幼儿园和小学	特殊需要教育中心	远程教育机构		幼儿园和小学		幼儿园和小学			
中央政府	学校教育										
	高等教育										
	农业										
	其他部门										
中央政府总计											
地方政府	地区										
	部门										
	市镇										
地方政府总计											
其他公共机构											
企业											
住户											
世界其他地区											
其他私有融资者											
总计											

注：生产部门活动不包括购买相关货物和服务。

资料来源：JELJOUL M，LANDREAU-MASCARO A，DALOUS J P，et al. Le Compte de l’éducation：Principes，méthodes et resultants pour les années 2006 à 2014［M］. Paris：Ministère de l’éducation nationale，2016.

附录A-10 **中等教育阶段生产者融资表（最终融资的支出）：**

融资来源×生产部门

生产部门／融资		公共教育机构				总计	私有资助机构		总计	私有非资助机构		总计	行政服务和公共机构	总计
		中等教育学校	CFA	特殊需要教育中心	远程教育机构		中等教育学校	CFA		辅助机构	CFA			
中央政府	学校教育													
	高等教育													
	农业													
	其他部门													
中央政府总计														
地方政府	地区													
	部门													
	市镇													
地方政府总计														
其他公共机构														
企业														
住户														
世界其他地区														
其他私有融资者														
总计														

注：（1）生产部门活动不包括购买相关货物和服务。（2）CFA：学徒培训中心。

资料来源：JELJOUL M，LANDREAU-MASCARO A，DALOUS J P，et al. Le Compte de l'éducation：Principes，méthodes et resultants pour les années 2006 à 2014［M］. Paris：Ministère de l'éducation nationale，2016.

附录A-11 **高等教育阶段生产者融资表（最终融资的支出）：融资来源×生产部门**

融资 \ 生产部门		公共教育机构						私有资助机构				私有非资助机构				行政服务和公共机构	总计
		中等教育学校	CFA	大学	其他高等教育机构	远程教育机构	总计	中等教育学校	CFA	高等教育机构	总计	辅助机构	CFA	高等教育机构	总计		
中央政府	学校教育																
	高等教育																
	农业																
	其他部门																
中央政府总计																	
地方政府	地区																
	部门																
	市镇																
地方政府总计																	
其他公共机构																	
企业																	
住户																	
世界其他地区																	
其他私有融资者																	
总计																	

注：（1）生产部门活动不包括购买相关货物和服务。（2）CFA：学徒培训中心。

资料来源：JELJOUL M，LANDREAU-MASCARO A，DALOUS J P，et al. Le Compte de l'éducation：Principes，méthodes et resultants pour les années 2006 à 2014 [M]. Paris：Ministère de l'éducation nationale，2016.

附录A-12 **非正规教育阶段生产者融资表（最终融资的支出）：**

融资来源×生产部门

生产部门 / 融资		公共教育机构						总计	私有资助机构				总计	私有非资助机构		总计	行政服务和公共机构	总计
		中等教育学校	大学	其他高等教育机构	艺术教育中心	远程教育机构	校外教育机构		中等教育学校	CFA	高等教育机构	校外教育机构		CFA	校外教育机构			
中央政府	学校教育																	
	高等教育																	
	农业																	
	其他部门																	
中央政府总计																		
地方政府	地区																	
	部门																	
	市镇																	
地方政府总计																		
其他公共机构																		
企业																		
住户																		
世界其他地区																		
其他私有融资者																		
总计																		

注：（1）生产部门活动不包括购买相关货物和服务。（2）CFA：学徒培训中心。

资料来源：JELJOUL M，LANDREAU-MASCARO A，DALOUS J P，et al. Le Compte de l’éducation：Principes，méthodes et resultants pour les années 2006 à 2014 [M]. Paris：Ministère de l’éducation nationale，2016.

附录A-13 **生产者支出表（特征活动）：生产部门×支出性质**

支出（或交易）性质 / 生产部门		教学				辅助服务			系统组织			总计
		教师薪酬	其他工作人员薪酬	其他生产费用	资本支出	其他工作人员薪酬	其他生产费用	资本支出	其他工作人员薪酬	其他生产费用	资本支出	
公共教育机构	公立幼儿园和小学											
	公立中等教育学校											
	公立学徒培训中心											
	公立大学											
	其他公立高等教育机构											
	公立艺术教育中心											
	公立特殊需要教育中心											
	远程教育机构											
	校外教育机构											
公共教育机构总计												
私有资助机构	基于合同的幼儿园和小学											
	基于合同的中等教育学校											
	私有资助学徒培训中心											

续表

支出（或交易）性质 / 生产部门		教学				辅助服务			系统组织			总计
		教师薪酬	其他工作人员薪酬	其他生产费用	资本支出	其他工作人员薪酬	其他生产费用	资本支出	其他工作人员薪酬	其他生产费用	资本支出	
私有资助机构	私有高等教育机构											
	受资助的校外教育机构											
私有资助机构总计												
私有非资助机构	非合同的幼儿园和小学											
	非合同的中等教育学校											
	企业学徒培训中心											
	非资助的高等教育学校											
	私有校外教育机构											
私有非资助机构总计												
行政服务和公共机构												
总计												

资料来源：JELJOUL M，LANDREAU-MASCARO A，DALOUS J P，et al. Le Compte de l'éducation：Principes，méthodes et resultants pour les années 2006 à 2014［M］. Paris：Ministère de l'éducation nationale，2016.

附录 A-14　　**人均学生支出表：教育等级×（初始）融资来源**

融资 等级		中央政府	地方政府			其他公共机构	企业	住户	世界其他地区	其他私有融资者	总计
			地区	部门	市镇						
初等教育	学前										
	初等										
初等教育总计											
中等教育	初级										
	特殊需要										
	普通/技术										
	职业										
	学徒培训										
中等教育总计											
高等教育	中等后										
	短期技术										
	长期										
	高级学徒培训										
高等教育总计											
校外教育	职业继续培训										
	其他校外培训										
校外教育总计											
总计											

资料来源：JELJOUL M，LANDREAU-MASCARO A，DALOUS J P，et al. Le Compte de l’éducation：Principes，méthodes et resultants pour les années 2006 à 2014 [M]. Paris：Ministère de l’éducation nationale，2016.

附录 A-15　　**人均学生支出表：教育等级×教育活动**

活动 / 等级		生产者活动				生产者活动总计	相关货物及服务			相关货物及服务总计	总计
		教学	餐饮和住宅服务	其他学校辅助活动	系统组织		学校交通	教材供应	其他		
初等教育	学前										
	初等										
初等教育总计											
中等教育	初级										
	特殊需要										
	普通/技术										
	职业										
	学徒培训										
中等教育总计											
高等教育	中等后										
	短期技术										
	长期										
	高级学徒培训										
高等教育总计											
校外教育	职业继续培训										
	其他校外培训										
校外教育总计											
总计											

资料来源：JELJOUL M，LANDREAU-MASCARO A，DALOUS J P，et al. Le Compte de l'éducation：Principes，méthodes et resultants pour les années 2006 à 2014 [M]. Paris：Ministère de l'éducation nationale，2016.

2. 希腊教育卫星账户

一套完整的希腊教育卫星账户由4张表格组成，具体如下：

附录A-16　　　　**教育生产账户（当前价格）**

特征产业 产出（基本价格） 特征产品	教育	会议	房地产-住房	电力、通信、供水和污水	餐饮	建筑工程	机械设备	食品、饮料	运输	服装-鞋类-皮革	娱乐	书籍、纸制品：出版/印刷服务	维修和保养服务	其他货物和服务	批发/零售和贸易服务[a]	国内总供给
Epirus TEI教育服务（Preveza地区）	*															*
房租-住房贷款分期偿还、利息			*													*
电力、通信、供水和污水				*												*
书籍												*				*
出版服务												*				*
会议		*														*
餐饮					*											*
建筑工程						*										*
机械设备							*									*
维修和保养服务													*			*
批发零售和运输加价[a]															*	*
Epirus TEI特征产品总产出（Preveza地区）	*	*	*	*	*	*	*	-	-	-	-	*	*	-	*	*
工作人员和其他个人消费产品产出（基本价格）																
房租-住房贷款分期偿还、利息			*													*

续表

特征产业 产出（基本价格） 特征产品	教育	会议	房地产-住房	电力、通信、供水和污水	餐饮	建筑工程	机械设备	食品、饮料	运输	服装-鞋类-皮革	娱乐	书籍、纸制品：出版/印刷服务	维修和保养服务	其他货物和服务	批发/零售和贸易服务[a]	国内总供给
电力、通信、供水和污水				*												*
餐饮					*											*
食品、饮料								*								*
运输																-
服装-鞋类-皮革										*						*
娱乐-休闲											*					*
维修和保养服务													*			*
其他货物和服务														*		*
批发零售和运输加价[a]															*	*
工作人员和其他个人消费产品总产出	-	-	*	*	*	-	-	*	-	*	*	-	*	*	*	*
学生消费产品产出（基本价格）																
房租—住房贷款分期偿还、利息			*													*
电力、通信、供水和污水				*												*
餐饮					*											*
食品、饮料								*								*
运输									*							*
服装-鞋类-皮革										*						*

续表

特征产业 产出（基本价格） 特征产品	教育	会议	房地产-住房	电力、通信、供水和污水	餐饮	建筑工程	机械设备	食品、饮料	运输	服装-鞋类-皮革	娱乐	书籍、纸制品：出版/印刷服务	维修和保养服务	其他货物和服务	批发/零售和贸易服务[a]	国内总供给
娱乐-休闲											*					*
书籍、报纸、杂志												*				*
其他货物和服务														*		*
批发零售和运输加价总计[a]															*	*
学生消费产品总产出	-	-	*	*	*	-	-	*	*	*	*	*	-	*	*	*
（基本价格）总产出	*															
（购买者价格）中间消耗	*															
（基本价格）增加值	*															
雇员人数	*	*	*	*	*	*	*	*	*	*	*	*	*	*	*	*

注：（1）（基本价格）总产出主要由Epirus TEI、工作人员和其他个人以及学生三个经济主体的产出构成，但各经济主体特征产业及其特征产品并不完全一致；（2）“*”处有数据，“-”处无数据；（3）a：批发零售和运输加价分别对应于批发零售和贸易服务以及运输业，但与运输业提供运输产品不同，这里运输加价是指运输费用。

资料来源：DIAKOMIHALIS M N. Evaluation of high educational institutes economic impact with satellite accounting: an empirical application in Greece [J]. Business and Economic Research，2014，4（2）：1-20.

附录 A-17　　**教育及其他产业增加值**

特征产品（基本价格）产出	（基本价格）产出	（购买者价格）中间消耗	教育增加值
Epirus TEI教育服务（Preveza地区）			
房租—住房贷款分期偿还、利息			
电力、通信、供水和污水			
书籍			
出版服务			
会议			
餐饮			
建筑工程			
机械设备			
维修和保养服务			
批发零售和运输加价			
Epirus TEI特征产品总产出			
工作人员和其他个人消费产出（基本价格）			
房租—住房贷款分期偿还、利息			
电力、通信、供水和污水			
餐饮服务			
食品、饮料			
服装-鞋类-皮革			
娱乐-休闲			
维修和保养服务（包括运输工具）			
其他货物和服务			
批发零售和运输加价总计			
工作人员和个人消费产品总产出			

续表

特征产品（基本价格）产出	（基本价格）产出	（购买者价格）中间消耗	教育增加值
学生消费产品产出（基本价格）			
房租－住房贷款分期偿还、利息			
电力、通信、供水和污水			
餐饮			
食品、饮料			
运输			
服装-鞋类-皮革			
娱乐-休闲			
书籍、报纸、杂志			
其他货物和服务			
批发零售和运输加价总计			
学生消费产品总产出			
（基本价格）总产出			
特征产业增值税（VAT）		—	
个人消费其他货物增值税（VAT）		—	
学生消费其他货物增值税（VAT）		—	
购买者价格总产出和增加值		—	

注：（1）基本价格总产出=Epirus TEI特征产品总产出+工作人员和个人消费总产出+学生消费总产出；购买者价格总产出=基本价格总产出+特征产业增值税+个人消费其他货物增值税+学生消费其他货物增值税。（2）“—”处无数据。

资料来源：DIAKOMIHALIS M N. Evaluation of high educational institutes economic impact with satellite accounting: an empirical application in Greece [J]. Business and Economic Research, 2014, 4 (2): 1-20.

附录A-18　　教育和其他产业就业

特征产业	雇员人数	其他就业	就业总量	小时数合计
Epirus TEI 教育服务（Preveza地区）				
房地产-住房				
电力、通信、供水和污水				
书籍-出版服务				
会议				
餐饮				
食品、饮料				
运输				
服装-鞋类-皮革				
娱乐-休闲				
维修和保养服务				
建筑工程				
机械设备				
其他货物和服务				
批发零售和运输行业				
合计				

资料来源：DIAKOMIHALIS M N. Evaluation of high educational institutes economic impact with satellite accounting: an empirical application in Greece [J]. Business and Economic Research, 2014, 4 (2): 1-20.

附录 A-19 **教育消费者：特征**

特征产业	TEI		教师和行政人员		学生		合计	
	总支出	平均支出	总支出	平均支出	总支出	平均支出	总支出	平均支出
Epirus TEI 教育服务（Preveza 地区）			—	—	—	—		
房租—住房贷款分期偿还、利息								
电力、通信、供水和污水								
书籍			—	—				
出版服务			—	—	—	—		
会议			—	—	—	—		
餐饮								
食品、饮料	—	—						
运输	—	—	—	—				
服装-鞋类-皮革	—	—						
娱乐-休闲	—	—						
维修和保养服务					—	—		
建筑工程			—	—	—	—		
其他通用设备制造业			—	—	—	—		
其他货物和服务								
全部产业总消费								

注："—" 处无数据。

资料来源：DIAKOMIHALIS M N. Evaluation of high educational institutes economic impact with satellite accounting: an empirical application in Greece [J]. Business and Economic Research, 2014, 4 (2): 1-20.

3. 美国教育卫星账户

附录A-20　　**教育生产账户：正规教育的投入和产出**

投入（收入方）	产出（生产方）
付酬劳动力	受教育个人
教师和辅助人员	来自更高教育的高收入，高级工作场所及非市场生产力
志愿劳动力	无形资产
父母的时间	公民信息灵通，改善个人及社会福利
学生的时间	
材料	
书本及其他	
固定资本	
学校建筑和其他建筑物、设备及计算机软件	
社会资本	

资料来源：NATIONAL RESEARCH COUNCIL. Beyond the Market: Designing Nonmarket Accounts for the United States [M]. Washington, DC: National Academies Press, 2005.

4. 荷兰人力资本和教育卫星账户

荷兰人力资本和教育卫星账户由3张表格组成，具体如下：

附录 A-21　　　　　　　　**人力资本供给表**

	分（国内）产业的产出：按基本价格计算								进口	按基本价格计算的总供给	商业及运输费用	产品税	产品补贴（—）	按购买者价格计算的总供给
	生产者							分产品的总产出						
	商品	贸易及运输	金融及商务服务	社会及个人服务	雇员	学生	未就业							
产品														
劳动供给服务														
低等技术														
中等技术														
高等技术														
教育														
学前														
中等														
高等														
培训&课程														
内部														
外部														
其他产品														
总产出														
补充信息														
部门														
非金融公司														
金融公司														
一般政府														
住户														
按基本价格计算的总产出														

资料来源：BOS F. A national accounts satellite for human capital and education [R]. Netherlands：MPRA，2011.

附录A-22 **人力资本使用表**

	分产业的投入（中间消耗，总增加值）								最终消费				资本形成总额	出口	按购买者价格计算的总使用
	生产者							总投入							
	商品	贸易及运输	金融及商务服务	社会及个人服务	雇员	学生	未就业		住户	政府其他非市场产出	通过市场生产者获得的社会福利	总计			
产品															
劳动供给服务															
低等技术															
中等技术															
高等技术															
教育															
学前															
中等															
高等															
培训&课程															
内部															
外部															
其他产品															
产品的使用															
固定资本消耗															
其他产品税															
其他补贴(-)															

续表

	分产业的投入（中间消耗，总增加值）								最终消费				资本形成总额	出口	按购买者价格计算的总使用
	生产者							总投入							
	商品	贸易及运输	金融及商务服务	社会及个人服务	雇员	学生	未就业		住户	政府其他非市场产出	通过市场生产者获得的社会福利	总计			
营业盈余/混合收入									产品税	产品补贴	国内生产净值：市场价格				
FISIM—国家层次的修正															
按基本价格计算的增加值净额															
按基本价格计算的总产出															
补充信息															
资本形成															
人力资本															
其他															
期末资本存量															
人力资本															
其他															
劳动力数量															
低等技术															
中等技术															
高等技术															

资料来源：BOS F. A national accounts satellite for human capital and education [R]. Netherlands：MPRA，2011.

附录 A-23　　**人力资本支出：构成、规模和发展**

	人力资本支出	占总量比例	物量变化	价格变化
政府支出				
个人非市场产出				
初等教育				
中等教育				
高等教育				
通过市场生产者获取的社会福利				
现金（奖学金）的社会福利				
政府总支出				
企业支出				
培训&课程				
内部				
外部				
企业总支出				
住户支出				
书本、文件和旅行成本支出				
学费				
预计收入				
住户总支出				
人力资本总支出				

资料来源：BOS F. A national accounts satellite for human capital and education [R]. Netherlands：MPRA，2011.

5.挪威人力资本卫星账户

挪威人力资本卫星账户由供给表和使用表组成，具体如下：

附录A-24　　人力资本卫星账户：（扩展）供给表

	产业					进口	总供给
	其他产业	教育			接受教育个人		
		市场生产者	政府	NPISHs			
产品							
其他产品							
教育							
学前							
初等							
中等							
高等							
培训&课程							
人力资本投资							
学前							
初等							
中等							
高等							
培训&课程							
总产出							

资料来源：LIU G. A stylized satellite account for human capital［R］. Oslo: Statistics Norway，2015.

附录 A-25　　**人力资本卫星账户：（扩展）使用表**

	产业					最终使用						总使用
	其他产业	教育			接受教育的个人	最终消费			GCF		出口	
		市场生产者	政府	NPISHs		住户	政府	NPISHs	其他资产	人力资本		
产品												
其他产品												
教育												
学前												
初等												
中等												
高等												
培训&课程												
人力资本投资												
学前												
初等												
中等												
高等												
培训&课程												
总使用												
增加值												
雇员报酬												
其他产品税净值												
固定资本消耗												
营业盈余净值												
总产出												

资料来源：LIU G. A stylized satellite account for human capital [R]. Oslo: Statistics Norway, 2015 .

附录B　2015—2021年教育卫星账户相关数据表

附录B-1　**2015—2021年全口径教育业分部门教育总产出**　单位：亿元

年份	全口径教育业						
	教育	高等院校R&D	学校餐饮	学校住宿	学校房屋建筑	学校图书出版	学校计算机
2015	34 031.70	676.21	1 018.32	1 242.44	80 733.75	1 168.65	338.86
2016	37 563.95	711.04	1 178.22	1 416.13	89 736.53	1 314.33	404.65
2017	36 766.94	1 055.72	1 292.89	1 524.90	105 263.05	1 669.39	484.21
2018	44 820.03	1 418.12	1 620.99	1 973.30	124 509.02	1 682.57	489.14
2019	53 840.02	1 432.38	1 928.38	2 333.42	144 921.36	1 642.80	590.02
2020	53 248.76	1 782.99	1 897.64	1 784.65	132 886.65	1 770.91	634.26
2021	62 600.77	1 809.81	2 217.99	2 088.76	140 396.16	1 745.81	846.65

附录B-2　**2015—2021年全口径教育业分部门教育中间消耗**　单位：亿元

年份	全口径教育业						
	教育	高等院校R&D	学校餐饮	学校住宿	学校房屋建筑	学校图书出版	学校计算机
2015	9 778.60	386.74	666.78	722.84	61 053.78	751.64	297.99
2016	10 793.55	406.66	771.48	823.89	67 862.01	845.34	355.85
2017	10 564.53	603.79	846.56	887.17	79 603.72	1 073.70	425.81
2018	13 241.15	816.00	1 074.28	1 159.68	94 189.11	1 076.83	432.49
2019	15 905.92	824.21	1 278.00	1 371.32	109 630.72	1 051.38	521.69
2020	15 919.54	1 044.35	1 287.45	1 067.36	101 125.73	1 117.06	561.01
2021	18 715.47	1 060.06	1 504.79	1 249.23	106 840.42	1 101.23	748.88

附录B-3　**2015—2021年全口径教育业分部门教育增加值**　单位：亿元

年份	全口径教育业						
	教育	高等院校R&D	学校餐饮	学校住宿	学校房屋建筑	学校图书出版	学校计算机
2015	24 253.10	289.47	351.54	519.60	19 679.97	417.01	40.87
2016	26 770.40	304.38	406.74	592.24	21 874.52	468.99	48.80
2017	26 202.40	451.93	446.32	637.73	25 659.33	595.69	58.40
2018	31 578.88	602.11	546.71	813.62	30 319.91	605.74	56.65
2019	37 934.10	608.17	650.39	962.10	35 290.64	591.42	68.33
2020	37 329.22	738.64	610.20	717.30	31 760.92	653.85	73.25
2021	43 885.30	749.75	713.21	839.52	33 555.75	644.58	97.78

索　引